先嚴周公諱化鵬百年冥誕紀念遺文集

周化鵬 遺著

小子 周何 署耑

文史哲出版社 印行

周化鵬先生遺像

前敘

周何

先嚴周公府君諱化鵬，字雲程，一作耘塵，江蘇省泗陽人，先祖克讓公，字子謙，為泗陽鄉紳。原配同鄉張氏，育子倜（天縱）、何及女天珍三人。後婚秦氏，徐州人也。

幼時曾入家塾，稍長則就外地讀書，中學畢業後，曾入蘇州醫學院肄業，後又轉至公學攻讀法政。畢業後，以成績優異，得陳果夫先生之賞識，入江蘇省黨部任宣傳科長，著有《如何做好宣傳工作》一書。後又升任省黨部委員，時居鎮江，於北固山上與諸同仁共同創一省立中學，公任校長之職。

不久，抗戰軍興，奉命往廬山受訓，遂攜家人擬赴重慶，行至徐州，遇日軍轟炸，貲財盡付一炬，不得已而折返淪陷區，復臨危受命，任江蘇省泰興縣縣長。時泰興已入日軍之手，公與家人賃小舟漂流河川之上，躲避日軍之追緝者二年。其後遷居上海友人卞仲穀先生家閣樓之上，民國三十一年終被日本憲兵隊緝捕，遞解至蘇北歸案，幸得偽政府中貴人周佛海先生伸以援手，終得獲釋，惟須接受任偽職之條件，復獲重慶方面應允，不得已而任揚州禁煙局局長之職。

民三十四年，日軍投降，公復即任中國印書館總經理之職，無奈公司上下早已為中共所控制，以保產休業等待接收之口號，雖總經理亦無可作為。三十八年五月，上海淪陷之前，得友人之助，搭上最後一班客輪，駛離吳淞口，直抵台灣基隆港。

登岸後，往新竹投靠友人，友人亦無法安置，乃轉至台北，購屋定居於中山北路一舊宅中，既無工作，每靠典當衣物渡日。後聚資開設一出租小說屋，收入有限，又改設嘯盧論相館，為人看相，收入較豐。後因故人薦介，入教育部中等教育司任科員，升任科長，直至民國七十七年退休，其間居無定所，皆賃屋而居，家計窘迫，　先母秦太夫人於民國五十年間辭世，公孤老一人，遂遷入羅斯福路教育部大宿舍中。

民國六十三年，小子岳家赴美，房舍交余代管，乃遷公至青田街，與小子共居一室，父子始得朝夕相處，悉心侍奉，沐浴更衣皆小子親為，穢衣亦小子親為洗滌，未嘗假他人之手，以為此後可以奉養天年，詎料天不遺耆老，於民國六十四年一月二十五日（農曆十二月十四日）終因心肌衰竭而卒于家，距生於民前九年十月初六日，享壽七十三，嗚呼哀哉！隨即移靈台北市第一殯儀館，親視含殮，安葬於士林公墓。

八十五年二月余以高血壓中風入院，出院後移居高雄，整理舊帙，發現先嚴所遺手稿及散文發表報章之剪貼簿，乃悉數鍵入電腦，復幸得文史哲出版社慨允代為付梓，因思先嚴至今適為百歲，乃額曰《先嚴周公諱化鵬府君百年冥誕紀念遺文集》，藉資永念。是為序。

先嚴周公諱化鵬百年冥誕紀念遺文集

目次

四・先嚴遺文集・嘯廬論相

先嚴自傳

一、家世個人及家庭生活狀況

周化鵬，字耘塵，祖籍蘇州，嗣遷安徽泗州，再遷江蘇泗陽，三代以來均住居泗陽第二區龍門鄉之龍門口周家庄，本人於民國紀元前九年十月六日未時出生於此，世以耕讀為業，家庭經濟尚稱小康。

我的祖父曉峰公，諱開山，祖母胡氏，父子謙公，母張氏，祖父及父都是一鄉士紳，且在地方辦理教育有年，很為鄉里所推重。

我的配偶秦君，和我同年，江蘇徐州人，僅受過小學教育，結婚後即幫同料理家務，生子一人，現在讀書，家庭全部開支都靠我的收入，本已不敷，加之素君妻患有嚴重之心臟病以及胃腫、貧血、糖尿、關節炎各症。她的最低醫藥費必須維持，因此經狀況至感拮据，至於我自己身體，除有輕微之胃病外，尚稱健康。

我原愛好電影，但來臺後，曾發誓不回大陸，不看電影，所以在臺迄未進電影場一步。香煙是我惟一的嗜好；酒，因有胃病，已不能喝，每逢空的時候，有時到公園散步，有時閱讀有社會科學之書刊，但對文藝性之小說、詩歌，亦頗愛好欣賞，有時且嘗試寫作，送到報紙上發表，並有關宣揚黨義和國策的文字，亦經常在各刊物發表。

二、學歷

我小的時候，不喜讀書，簡直不願讀書，遷延到八歲那年，我的祖父特爲專請一位老師在家教我，因爲那時最重門第，假如不讀書識字，會不齒於鄉黨的。我被家庭壓迫，每天隨著老師，拼命讀四書五經和綱鑑一類食而不化的古書，一直到十二歲，才考進縣立高小，在三年當中，校長一共經過三位，第一年是莊懋林，第二年是劉惟恩，第三年是司柳溪，這三位先生道學問都很好，可惜都已作古，回首前塵，不禁感慨系之！民國六年，小學畢業後，隨往淮陰考取江蘇省立第六師範，並考取南京國立高等師範附屬中學，因爲南京離家較遠，我的祖母和父母都不放心，乃命我就近入第六師範，校長徐慕杜。徐先生辦理教育極爲認真，我的一生學問事業的基礎，差不多都奠定在此一時期。至十一年畢業後隨往蘇州醫科大學，校長是德國柏林大學醫學博士周威，我讀了兩年，感覺和我個性及志趣不甚適合，及於十三年考入上海中國公學大學部政治經濟學系，當十六年，國民革命軍到達江蘇的時候，我回去擔任地方黨務工作，以後在吳鐵城先生校長任內，我才正式畢業。但我對政治經這一類學問，祇能說略窺門徑，不敢說有什麼高深研究，至廿五年七月，復在江蘇社會軍事訓練團結業，爲期雖短，我得到不少軍事知識，假如我在那時就從戎的話，說不定我就是一個軍人。

三、經歷

我在祕密期，已擔任泗陽縣黨部常務委員，十六年黨務公開後，由江蘇省黨部派任泗陽縣黨部常務委員，兼組織部長，繼又改兼訓練部長及宣傳部長，同時擔任泗陽縣立中學國文教員和縣立師範訓育主任，以後又到南京大倉園江蘇省黨部暫任幹事職務，旋又奉命回泗，辦理地方黨務，十八年復由張道藩先生介紹到鎮江江蘇省黨部擔任編審總幹事，廿年一月調任宣傳科長，兼任江蘇通訊社社長，及江蘇省會宣傳委員會常委，並在江蘇省部訓練所、鎮長訓練所、童子軍幹部訓班、禁煙調查員訓練班等處先後擔任教官，廿三年後，又擔任江蘇文藝協會常務理事，並兼任東南中學校長，至廿六年十月奉中央派任江蘇省黨部書記長，同時兼任戰時團團長，及江蘇省動員委員會常委，兼宣傳部長及特務部長，暨第五戰區動員會委員，卅一年七月復奉中央派任江蘇省黨部執行委員，兼江蘇省第七區黨務指專員，同時擔任江蘇省政府祕書，及江蘇省民眾自衛隊第二總隊長，並擔任八十九軍訓練班及中央軍校駐蘇幹部訓班政治教官，至卅一年十一月由江蘇省政府派為泰興縣縣長兼泰興縣保安旅旅長，直至卅四年五月卸職，在此一時期並奉中央調查統計局命令擔任陷區情報事宜，待抗日勝利，我深深感覺到過去辦理黨務和從事政工作，對本黨、對國家，都未能有所貢獻與建樹，誤己誤人，實深愧恧！當時我的心情，一則以喜，一則以懼，喜的是，多年積弱的國家，一躍而為世界五強之一，懼的是，今後舉國上下，能不能保持這光榮的成果？我認為要使國家富強，首須著重文化的發揚，因此勝利後，決定在上海四馬路創立中國印書館，至卅五年十一月正式營業，我擔任董事兼總經理，直至卅八年五月始撤退來臺後，自營書社，以謀生活，至四十二年二月，進入臺灣農林公司擔任保防工作。

四、生活狀況

我極願過著極有規律的生活，早晚必做柔軟體操，並喜午睡，以調劑精神，經常和我交往的人，並不太多，因為到臺後，大家都忙於生活，很少時間作禮貌上的周旋，比較常有來往的，首推石炭調整委員會視察張希伋同志，張同志和我是同學，並且是同事，我做江蘇省黨部委員，兼第七區黨務指導專，員會請他在辦事處擔任總幹事，為人幹練，品學兼優，私人相處感情亦佳，次如立法委員陳桂清、周厚清等同志，又國民代表包明叔、凌紹祖等同志，又次如前江蘇省政府主席韓德勤先生，和我是同鄉，因此有時會去拜候。

五、社會關係

我自到臺灣後，因爲奔走衣食，平時除去按時參加黨的小組會議外，其他方面很少活動，就連過去的友朋，也很少來往，比較起來，對於文化，稍微曉得一些，但談不上是熟悉，自然更說不上有什麼特殊關係。

六、思想與信仰

我參加黨務工作較久，擔任宣傳工作亦最長，並且擔任中等學校及各種訓練班黨義課程，因此我對主義，不容不加意研究，好在過去我在大學裡讀的是政治經濟，有了這一點基礎，研究起來雖然不感到太困難，可是因爲主義精深博大，不敢說有什麼心得。最近 總裁著述的民生主義育樂兩篇，我已熟讀研究，並準備有所闡揚，我對宗教沒有信仰，更沒有參加什麼政治團體。

七、自我批評

談到我的學識，雖曾受過大學教育，並在社會上陶冶了二十幾年，但並沒有什麼了不起的成就，能力上也不見得強。這由於我僅具中人的資質，當然，學識的成就，也不會太大，不過自信文字尚能通順，並常在報紙和刊物上發表論著，十八年後，曾主編江蘇黨務週刊，此外蘇報等也常有寫作。來臺後，也曾爲各報紙及刊物寫文章，最近特別在臺灣黨務上專寫有關宣傳工作的技術與經驗的文字。至於能力，我不敢自信，這由於對外處理一省以上較大範圍的事務，我沒有試驗過，也許因爲能力不夠，會招致失敗。

我的身體還好，性情平和，而欠理智，但我抱定在品德上要和聖賢豪傑比，享受上要和極貧苦的人比，所以我在任的顛沛流離中，不放棄讀書的精神生活，惟是近十餘年來，變亂迭乘，個人生活有時也無法控制，這是我引爲最痛苦的事！

我時時訓練自己，充實自己，要能成爲管理文化生產事業的專才，和辦理普通行政的通才，談到方法，我祇一方面在書本上求理論，一方面對友人多詢問、求經驗，更不放棄實地參觀機會，然後綜合所得，深切研究，用這些方法，以求達到自我訓練的目標，至於結果如何？那就要看我努力如何了！

先嚴遺詩集

嘯廬吟艸

怡情悅性

民國四十八年重陽後二日

嘯廬主人敬題

自敘

余不善唫哦，少時在塾中曾畧知平仄，迨後熟讀唐宋元明清名家詩詞，涵養性情而已，初未敢執筆以學詩。民國三十三年冬，蟄居上海，不料為日憲所逮捕，屢持向訊，百端虐待，釋放之前夕，正余四十歲之誕辰也。時抗日之戰猶酣，余以未能西上赴渝，羈旅向無可告訴，乃所成七律八首，以志憤慨。此後塵事鞅掌，時作時輟，僅而為之，近等於游戲耳，詎學云乎哉，是為敘。

己亥九月時客台灣

就川長嘯道人

嘯廬唫艸

泗陽周化鵬著

四十述懷 三十一年旅居上海作

(一)

浮沉人海悵年年
淪落天涯祇自憐
焦卒書生甘寂寞
低裏往事悟塵緣
關山舊斷啼痕血
著述心驚鏡裡烟
旅邸蹉跎傷歲月
一回思量一凄然

(二)

挾策前程汗漫遊
悲歌慷慨擊中流

少年有志都成影　白髮無心竟著頭
蹀躞夢中江上住　依稀蝴蝶夢中賦秋
滄桑閱盡徒呼負　把酒向天惹客愁

（三）

蕭蕭落木亂斜陽　殘柳寒鴉倍感傷
三徑就荒歸未得　千言萬語趣來長
苟全性命謀生拙　縱為身心不能忙
俯仰悠嗟冷煖態　近年況味已深嘗

（四）

韶光一瞬指輕彈　回首前塵剩淚殘

梅瘦菊肥人寂寂　新愁舊恨夜漫漫
敢言田家清高易　節慕留侯避隱難
正是絲絃大陸遍　西風吹日勸加餐

(四)

每念故園烽火侵　迴腸百慮夢時尋
雙親庭訓違三載　一紙家書抵萬金
患難夫妻愁病苦　情懷兒女泣衣襟
人間多少傷心事　骨肉流離鄉思深

(六)

朋舊飄零感夙因　知交肝膽見情真

雲天高義心心印，風雨同舟黯黯春。
離合悲歡信有數，往來魚雁盡勞人。
燈紅酒綠昔相憶，俟還青衫厭俗塵。

（七）

曩昔遊蹤興已[illegible]賒，金陵鐘鼓閱年華。
青山鬱鬱蓬朝氣，流水涓涓映晚霞。
日月精靈千古在，星辰寥落一時斜。
重嶺拾級摩天頂，獨立奇峰踏茶花。

（八）

倚劍長吟學賦詩，艱難苦恨有誰知。

魂銷惆悵空懷抱，詞寫淒涼恐渴饑。
戰鼓邊城催臘盡，疏鐘南市動哀思。
文章不厭男兒願，縱酒放歌莫怨遲。

癸未到京有感

烏衣巷口夕陽紅，淡却秦淮古渡風。
劫後餘灰猶熱烈，戰前老屋任西東。
六朝金粉雕零盡，一代豪華醉夢中。
我有干將渾未試，臨江慷慨幾人同。

三十五年之秋，由京返滬，道出棲霞，口占一絕。

一片秋山淡淡光　山花競比菊花黄
西風吹樹楓紅葉　冷艷棲霞映夕陽

中秋感懷

三十九年作於台灣

鴻雁無聲已入秋　南天星斗望處流
故鄉明月知何似　一樣心情萬種愁

憶紅葉

昔年遊興到棲霞　此日棲霞路倍賒
等是啼痕和血淚　蕭蕭紅葉舞天涯

秋夜不寐　庚寅秋末旅居台灣作

海外秋深未覺寒，思親夜待漏聲殘。
無才早斷封侯夢，有慮都隨熱淚彈。
体味人情惟靜寂，安排心性最艱難。
何堪風雨連宵作，朦朧蒼涼曉色闌。

七夕 壬辰作於台灣

悵隔經年感寂寥，萬般心事訴今宵。
人間多少離情淚，流向銀河搭鵲橋。

中秋二首 壬辰於台北

(一)

今宵月色為誰妍，朗朗清輝照大千。

玉宇無聲涼似水，瓊樓有影皎如仙。
舉頭細數星辰位，撫臆況且吳越天。
佳節不堪愁裡過，異鄉淪落幾何年。

（二）

海外中秋四度殘，長征策馬未能安。
斯人憔悴誰同慨，故國悽惶遍異端。
豈有閒情欣賞月，但憑赤膽效忠韓。
涼風天末旌旗動，拂拭戎衣仔細看。

附依陰張孔僕告之句

（三）

青光又承客中姸日，四首林周致謝千

海角歸心歎應劍。胸懷豪氣恥成仙。
金甌無缺誰為主。玉馬銅駝莫問天。
壯志未忘懷漢土。斑斑鬢色已忘年。

（二）秋節客中[illegible]二首

心知治亂未能安。
人生聚散愁中持。世道紛紛慮萬端。
起伏思潮逝湧月。莫負豪腕抗勢艱。
立家憂國男兒事。史蹟麟烟不要看。

木柵途中口占 四十七年

依山傍水野人家。誰管西風吹竹斜。
一帶連阡香稻熟。兒童三五戲泥沙。

步孔僕元韻　丁酉立春后一日

大智未能若大愚，英雄老去亦情殊。
卅年偃蹇江湖夢，剩得一雙醉眼糊。

附原詩

君病多才我病愚，垂老書生境不殊。
獨喜缾瓶澆塊壘，於閒兼色山模糊。

參謁台北仲尼廟堂　乙亥秋作　四十八年

廟堂禮樂垂千古，萬世一人稱素王。
三教九流齊下拜，道尊惟有孔門昌。

周張大孔僕和詩

無題 五十年三月十四日作

白髮蕭蕭着滿頭
前塵回憶悲歡夢

先嚴遺文集

雜文

病後

我在四十八年春天，陡然感覺頭重腳輕，走起路來好像風擺柳一般，時有傾跌之虞，朋友們都勸我要到醫院診斷一下，看看到底甚麼病症？我遂於翌晨跑到臺大醫院診察，結果，我的高血壓在二百度以上，低血壓也在一百度以上，醫師特別囑我要謹慎，並且囑我要注意情緒的培養，不能多憂多慮！如此遷延一年有餘，還沒有恢復正常，不料去年十月裡一天夜間已經十一點多鐘，忽然腹痛如絞，起立坐臥不能止，在這半夜三更又不能到醫院去，只有在鄰近路著開業的陳醫師來診治，據陳醫師診斷後說，恐怕是膽囊結石，不然不會痛得如此厲害。除去吃止痛特效藥外，又打止痛針和嗎啡針才稍稍止痛，又到藥房買通便丸，使大便暢通，這樣，才勉強入睡。陳醫師臨走又告訴我，最好到醫院切實診斷一下。

以後我到臺大醫院作膽液胃液和十二指腸液以及血液的檢查，但總檢不出甚麼道理來，如此到十一月裡，有一夜又大爲發作，實在不能忍受劇痛，於是第二天住入臺大醫院，我所睡的病床，上午病人剛剛死去，我在下午就搬進去，睡在死去的人床上，這時我想人的生死，好像是一牆之隔，我的心裡已沒有甚麼可怕的了。

我在院每天各種方法檢查，差不多有半個月光景，醫師都不能斷定我到底是甚麼病？最後還是一位腸胃科專家診斷我患的是十二指腸潰瘍，以後醫師對症下藥，又經過半個月的治療與休養，才逐漸康復，但我覺得受不了醫院病痛空氣的壓迫，不到一個月時間，我就拖著病軀出院了，但醫師一再勸我再在醫院調治一個時期，假如一定要出院，也應繼續的再來門診，並且靜靜的休養，不能大意。

在住院期間，承各位醫師悉心治療，護理小姐也很溫和地慰問和調護，使我的病很快就痊癒，非常感謝，可是出院以後，飲食不如理想，睡眠也較淺，中間又連發幾次，有時半夜裡痛得不能忍受，只有請求醫師打止痛針，於是我又寫信給臺大醫院醫師施微章先生，請問十二指腸潰瘍調治之道，承施醫師詳細告訴我，我也非常感謝，如此纏綿復纏綿，一直沒有全好，不料福無雙至禍不單行，我的右腳又患嚴重風濕症，不但不能走路，而且疼痛異常，先到醫院外科門診，然後又轉到物理治療室骨科治療，另外又到中國針灸處請教，用中國針法治了若干次，並吃中國草藥，這樣花了若干冤枉錢，還是不能見效，真把我焦慮死了，而此時血壓又逐漸增高，十二指腸也隱隱作痛，我感於中西醫藥雜投不是辦法，於是仍然回過頭來，請教臺大醫院諸位有關醫師，又經近年的診治，總算血壓才不太高，十二指腸不再劇痛，惟有右腳行走還不方便。

回想自患病以來•已經有二年多了，中間因爲我自己請中醫吃中藥花錢以外所有在醫院治療用去的很多錢，都是由公保代付的，假如不是公保的話，恐怕我的老命老早嗚呼哀哉了，這不能不說是公保的大恩大惠，最近聽說公保賠累的很多，當局有由病人負擔藥費二分之一或三分之一的計劃，我認爲公保是安定公務人員工作情緒的一貼妙劑，這是國家政策的執行，不能單以金錢計的，要知公保賠累的原因並不簡單，是不能專門責備病人的，拿我個人來說，我情願每月照付保險費，終年無痛無災，太平無事。（刊於 50.10.21 臺灣新生報副刊）

洋河高粱

談起洋河高粱，我現在雖然已經戒酒，但想到那又香又醇的酒味，我真想再回到家鄉，喝上三杯五杯藉以解解酒饞。

洋河是江蘇省泗陽宿遷兩縣交界上的一個大鎮，從前史閣部可法在此坐鎮過，可算是當時很繁華的大集鎮。

這地方居民，比較上還算殷實，農家種高粱的很多，但是吃高粱的人很少，因此動腦筋的人就有以高粱釀酒的念頭，據說起初釀酒師傅是從山西汾縣請來的，他們以製造山西汾酒的方法製造洋河高粱，因爲這種酒是用取麴製造的，所以又名爲洋河大麴。

製酒的用水最有關係，洋河酒非用洋河圬溝的水不香，那圬溝的水，附近居民洗衣服，倒馬桶，真是污穢不堪，臭氣逼人，但所蒸釀出來的酒，則香醇異常，不怕你房子再大，容人再多，倒了一杯酒，滿屋噴香，就是滴酒不下的，聞到這種香味，也覺週身舒適。

洋河高酒，顧名思義，必定在洋河製釀，其實離開洋河幾里路的屠園，出品更爲香醇。屠園是個住民不足百家的小鎮，別的毫無出產，唯一的出產就是高粱酒，可是外間人只知洋河高粱，而不知屠園出產更好的高粱。住在洋河附近的人，個個都有一斤八兩的酒量，有的人喝下十斤八斤也不會醉，而且他喝起來都是用大碗來喝，很少用小小酒杯喝的。他們沒有甚麼菜，也能喝下三碗五碗。

我在小的時候，家裏時常把酒用罈子盛起來，準備作為待客之需，那罈口是用豬尿泡封的，我那時還不足十歲，就在無人看見時用粗針把豬尿泡戳一個小孔，再用麥楷送到裡面，用嘴在麥楷上一吸，如此幾吸，淺嘗輒止，不料有一次多吸了幾口，以致酩酊大醉，被家中大人發現了，著實受到一番申斥，嗣後再也不敢偷吸了。

最記得我在讀小學時候，寒假放學回家，天寒地凍，連運河也凍得封起來了，幾乎到了墮指裂膚的冷境，當此之時，我就拿落花生放到烤火的火盆旁邊燒著，隨又取一壺高粱酒放在火盆裡燉著，等到落花生熟了，酒也熱了，我就以嘴對著酒壺嘴喝一口，剝落花生吃著，一直喝到面紅耳赤，馬上倒在床上睡眠，一覺醒來，渾身舒泰，又到門外堆雪人與群兒游戲，此情此景，如在目前。

除去洋河屠園外，泗陽的北王集和城內胡家糟坊，同樣地也釀大麴酒，運銷到外埠去，同樣以洋河高粱作招牌，因是南京、南通各地都有洋河高粱的棧房，就是漢口、九江、北平、天津各地也莫不銷售，可見歡喜喝的人之多了。

我一生在外流浪，每逢家鄉人來看我，均帶來幾瓶酒作爲敬意，我因是家鄉土產，也樂於接受，自從到臺灣以後，不惟沒有人再帶送家鄉高粱酒，就是想一滴入口也不容易，所有臺灣酒，我都不敢嘗試，有時金門高粱，可勉強喝上一二小杯，但只覺是辣而已，根本不是那個味。〔51.1.16.刊於臺灣新生報副刊〕

病

我真病的怕了，因爲患了比較嚴重的病，不住醫院醫治與服藥，不大方便，住院嗎，那病人痛苦的呻吟，和死者家屬的哭聲，聽來實在不能忍受。所以我不到萬不得已，決不住院，以免精神上受到不愉快的紛擾。

我在四十九年底和五十年底，兩次住院，使我深深感到病的痛苦和住院的痛苦，一屬於身體，一屬於精神，而同是痛苦，都足以使精神負擔不起。

檢查血液，早晨不能進食，醫師走來抽去 5cc 到 10cc 鮮紅的血，檢查胃液和十二指腸液，早晨固然不能進食，並且要吞下很長的橡皮管，足足要三四小時，才能把胃液和十二指腸液抽出來檢驗，有時耗去三四小時，沒有一滴液流出來，那算是白費，只有下次再來。假如你要做心電圖或是心音圖，那就必須脫去外衣，睡在那裏，讓他們細心的替你做，要是透視的話，固須脫去外衣，並須穿上醫院規定的上衣，在攝製照片的時候，你還不能喘氣，因爲喘氣是會妨礙攝製的。有一次醫師認爲我有膽囊結石嫌疑，需要透視才能明瞭，並須打一種針藥，始可拍照，諸如此類，有受不完的活罪，要你乖乖接受！

這次我患的胃潰瘍需要開刀，在開刀的早上六時，護士就來替我洗腸，七時後又來替我打針，七時四十分，院工把我推入手術室麻醉了，進行手術，上午十一時三十分，才漸漸甦醒，然後又把我推入回復室。這時用一根橡皮管由鼻孔通到胃裏，準備把血水抽出，臂膀上也多了一架輸血和打葡萄針的鐵柱子，好不容易等到下午二時半，才又把我送回病房。這由鼻孔通到胃裏抽血水的橡皮管，是在麻醉時通進去的，要是不麻醉，誰也忍受不了這痛苦。據動手術的醫師告訴我，我的胃割去了三分之二，連胃酸也附帶刮去了，我在開刀以後，一星期拆線，兩星期可以下床走動，現在我已出院調養了，謝天謝地，我真恍如隔世，死而復生！

我在初開刀的前兩天，胃裏的血水，要日夜的抽，一天一夜就抽出1500cc之多，再一天一夜，又抽出同等的數量，一直到第三天，才漸漸的少了。在第一夜裏，由我的兒子和一位陳先生輪流替我抽血。這個工作，真不輕快，經了一天一夜，他們都筋疲力竭了，另外又請了一位親戚顏君也來替我照料，如此很順利的把血水抽完。隨又發生咳嗽和吐痰，這咳嗽本來不是甚麼了不起的病症，可是每當咳嗽發作，則刀痕疼痛欲裂。據醫師說這是全身麻醉開刀後應有的現象，經服化痰藥水後，才逐漸好轉。不料一波未平，一波又起，不知怎麼，我又打起嗝來了，不但打，而且來勢很兇，醫師都認爲這是開刀後切忌的現象，所以他們忙著替我打鎮靜劑針藥，好不容易才把它制止住，我的生命才算有了保障。

我本不是基督徒，但在開刀之前夕，自認這是生死大關，我想起了要求神的力量幫助，於是特地請教堂裏的朱文生牧師到醫院來爲我禱告爲我施洗，我既得到主的幫助，求生之希望愈濃，所以在開刀的時候，並沒有甚麼痛苦，現在病好了，只有益加信仰並感謝主的恩典。

我在病中，承各方朋友來看我，有的帶來適用的食物，有的帶來可貴的友誼慰問，更有餽以現金作爲購買食物之需，這些都是以精神和物質來支持我，使我能將魔鬼逐出身體以外而得到重生，這是我終身不能忘的。因爲當我大量出血之際，昏倒在地，可算業已死去，幸虧房東夫婦在睡夢中驚醒，起來把我扶坐在地上，好久我才睜開眼睛，他們看我稍爲淸醒，趕快把我的老婆喊來，共同把我扶上睡床，一面由房東去叫正在讀博士學位我的兒子來到，隨由他們把我抱上計程車往臺大醫院急救。到的時候，我已不能喘氣，幸虧一位認識我的施德章醫師看我已到極危險地步，馬上用氧氣幫助我呼吸，又輸血250cc.，這樣，我才悠然而醒，要不是施醫師予以急救的話，恐怕當時已嗚呼哀哉了。

病的痛苦，和住院的寂寞心情，絕不是身體健康的人所能想像。我希望此生不再發生任何疾病，假如纏綿病床幾個月甚至幾年，倒不如爽爽快快幾分鐘以內，就得病而亡。〔51.3.23 載於中央日報副刊〕

蘇北童謠

走親家

白果樹，
開白花，
吡吡牙牙走親家，
親家親家來家坐，
說你閨女不成貨，
叫你閨女去抱草，

小黃狗

哩哩拉拉一路撒得來；
叫你閨女去抓鹽，
登在鹽罈過三年；
叫你閨女去下麵，
兩筒鼻子淌成線。

〔51.5.21 載於中央日報副刊〕

小黃狗，
　你看家，
我上南邊採縈花，
採到綠的給你戴，
採到紅的我自插，
把你打扮成爲一個美黃狗，，
把我自己打扮得俊巴巴，
　你也笑，
　我也笑，
大家笑得哈哈哈！

〔51.8.20 載於中央日報副刊〕

桂大爹

與我毫無親戚關係，而只是世代鄰居，但因爲他年齡和我祖父差不多，我都尊稱他爲桂大爹，桂大爹身材不高，嘴唇上留著八字鬍，說起話來不大流利，有時結結巴巴半天，才說出一句話來，他沒有唸過書，扁擔長的「一」字他也認不識。可是他爲人正直無私，鄉黨中有甚麼私人糾葛，大家都去找他評理。有的人要歪攪胡纏，他就毫不留情的破口大罵。等到甲乙雙方都說明了理由以後，他最後把他的主張宣佈出來，雙方口服心服了，並且和平了事。他還自己掏腰包，請他們到集鎮小菜館吃喝一頓，最後大家言歸於好。因此有的一方稍爲受點委屈，無不樂於接受他的調解。

桂大爹老夫妻二人，帶著兒子和媳婦，一家其樂融融過日子，從來沒有聽到他家中發生過爭吵。他有田數十畝，完全靠著耕種生活，他的兒子領著長工料理一切，他幫著做輕鬆雜務。你不要看他年紀大，但他的身體倒很棒，二三十斤一笆斗糧食輕輕的拿上肩，由門口大場上走到家中倒在倉屋裏，如此來回幾十趟，他也滿不在乎。可是他常說，白天怎樣勞動都不覺累，就是到了晚間睡覺的時候，渾身有些酸痛。

我們兄弟貳人，都在外面上學，每逢寒暑假放學回家，他喜歡跑去和我們談談，我們因爲他「老少咸宜」，也樂意把外面所見所聞的事告訴他，他聽了也津津有味。有時談得過久，他也就不客氣的在我們家裏隨菜便飯吃飽算事。假如你要喊著添菜，他就頭也不回一溜煙走了。我們曉得他的脾氣，每當他在我們家留飯的時候，暗中添了一兩樣如鹹魚風雞之類，他也吃了，並且大笑著說：「今天我的口運來了，碰到你們打牙祭。」但他對於酒，雖非一滴不嘗，可是他頂多喝了三小盃，就臉紅脖子粗，活像判官一樣。

我的哥哥會吹笛子，我喜歡拉胡琴，兩人合奏一曲梅花三弄，引得左右鄰居大大小小男女老幼都來圍著靜聽，桂大爹也滿臉高興遠遠的來了，他不聲不響向旁一蹲，等我們興盡歇息，他緩緩站起來，笑著對我們說：「你們怎會吹拉得如此之好，真好聽極了，下次我再來。」一面說著，一面走了，他那種慈祥的老人形態，一步一步的走回家去，你要送他，他嘴裏連說：「我們都是老鄰居，不要如此客氣了，你們還是回去溫習功課，不要貪著玩耍，耽誤了正經事。」這是他在不拘形式中給我們的教訓。

以後我們兄弟大了，漸漸地都到社會上服務，我是一切都遵守鄉村風氣的，譬如，我從城裡回家，從不曾坐著黃包車以代步，偶而坐了黃包車，也必須在離著我住的村莊里許地方就下車，絕不一直坐到家的門前，以免被長輩們背後議論我是無禮。但我的哥哥則喜歡乘自行車，而且還喜歡手拿衛生棍（手杖）。桂大爹看見了，他也並不明斥你不對。只以詢問的口氣，對我哥哥說：「衛生棍是不是有甚麼品級的人才能拿？」我的哥哥經他這一問曉得他是看著有點不順眼了，於是不得不臨時編造理由，說是因爲身體不大爽快，所以才拿衛生棍的，這樣才搪塞過去，以後我的哥哥再也不敢拿衛生棍了。這並不是怕他，實在因他爲人太古板太正直了，才敬重他。

有時大家在那裏談論某某兩人的是非爭執的事情。桂大爹聽罷，他眉頭一皺說：「這事應該洋糖止咳！」

大家聽他說「洋糖止咳」，不知是甚麼意思，都被他愣住了。我說：「桂大爹說的是揚湯止沸，不是洋糖止咳」・經我這一說，大家都笑了，桂大爹多少有點發窘，隨說：「我不像你們吃過墨水的人，會咬文嚼字，揚湯止沸，還不就是洋糖止咳嗎？」你不要看他不識字，說起話來，也常會之乎者也一大套，雖用得不完全恰當・但相差並不太遠，從此以後，再沒有人好意思當面指摘他引經據典的錯誤。

一次，東西莊都傳說桂大爹病了，而且病得很厲害，大家都爭著跑去探視，有的人還帶了禮去，桂大爹一個人睡在堂屋當門的一張木床上，臉上確實瘦了許多，但安靜的睡在那裏，很少說話。家中人要請醫生，他拒絕了，他說：「一個人過了七十已不容易，何必在臨死時還要多喝苦水（指中藥）？你們讓我就這樣平安的走吧！」如此纏綿了不到一個月光景，一生正直無私爲鄉黨欽仰的桂大爹，就與世長辭了。

桂大爹死後，如有兩方發生甚麼爭執，旁邊人就會說：「你們該找桂大爹評評理去！」足見桂大爹感人之深，在桂大爹剛死之際，有許多地方上人士，都提議替他大做喪事，並且請一位清朝有功名的人擔任提主。在出殯的那一天，參加執紼的人，長達數里，還有人在送喪行中哭泣的，喪葬以後，並有人提議替桂大爹建立私廟祭祀，事雖不成，亦可見大家對他景仰之忱了。

〔51.6.21 載於臺灣新生報副刊〕

被捕記

三十一年冬季，我軍正英勇地在前方對日寇做殊死抗戰，這時我江蘇省雖只剩蘇北一隅之地，省政府仍指揮各縣爲地方行政之推動，和各地駐軍協力打擊日寇，我在此時，奉派爲靠江邊的某縣縣長，當即把妻子安頓在上海法租界一家公寓裡面，我個人化裝小商人模樣，暗中跑到某縣去接任。除去縣政府外，並在鄉下成立兩個分署，縣長兼任縣保安旅旅長，分署主任分別兼任縣保安團團長，另有一團，由縣長直接指揮，因爲這時萬事均以軍事第一，以期爭取最後勝利。

佈署妥當以後，我個人仍回到上海，準備聯絡住滬的地方反日人士，共同策劃一切進行事宜，孰料我住亭子間裡，一天早晨還沒有大亮，陡然聽到下面樓梯有人上來脚步聲音，我心裡想總沒有好事，忽然有兩個「蘿蔔頭」穿著倒霉黃軍裝站在我面前，另外還有幾個穿便衣的也同時上來，催促我趕快起床，他們首先問我是不是姓周？我告訴他們我姓張，因爲我過繼給我姓張的舅父，所以我姓張，然而他們不容我詳細說明，就把我擁下樓，隨即送上汽車，風馳電掣的走了，這時我的妻子淑君，只有兩眼流淚，巴巴在後面看望，還能有甚麼辦法呢？

原來我住在法租界，所以日本軍憲要逮捕我，必須會同法界巡捕房，因此來的人有六七個之多，等到把我帶到北四川路一棟大樓裡面，我才知道那是日本憲兵本部，先是由一位軍曹問我，爲甚麼要改姓？並用膀臂粗的竹桿向我頭頂猛擊，當時打得我火星直冒，但心裡已沒有甚麼害怕。他又問我是否擔任縣長？我認爲既已被捕，何必否認，自討苦吃，那位日本軍曹倒還不十分嚴厲，最可恨的，是那位翻譯廣東人，他在軍曹向我問話的時候，他不時用木棒在我身上敲打，以表示他是日本人的忠實走狗！啊！異族人固然可惡，而漢奸尤爲可恨，難怪今日共匪要卑躬屈膝向俄帝獻媚了。問話以後，他們把我由兩個便衣憲兵押入牢房。

我所關的牢房，不到四席，裏面已先有一個女人和兩個外國人，各人大小便也都在這小房裡，他們三個人看我關進去，也沒有甚麼表情，只是睜著眼看看罷了，等到那兩個便衣憲兵走了以後，那女犯人偷偷小聲問我是爲的甚麼？我也沒有詳細向她說明，只說大概因爲我是渝方抗日份子吧！如此在這裡足足關了三天兩夜，在早晨天剛亮的時候，忽然外面有人呼我的名字，隨時門也開了，日本憲兵就把我帶到樓上，我一看，上面坐著衣褂整齊的憲兵軍曹，站著兩個便衣憲兵，另外還有兩三個，大概是翻譯，那位軍曹看我帶到了，就對我說：「現在要把你送到附近一個地方去問話。」這時我就大聲的向他說：「你們日本自稱是法治國家，我既沒有散傳單、貼標語、更沒有私藏軍火，犯罪證據一點沒有，你們應該把我釋放，還有甚麼話好問的？」這位軍曹還說：「你不要著急，問過話就回來。」話還沒有說完，兩位便衣憲兵，已用麻繩把我五花大綁了。這時我想，今天他們一定要把我執行了，我便向一位翻譯要了一枝強盜牌香煙，剛吸一口，感覺頭昏眼花，因爲兩三天我沒有吃飯，也沒有喝水，空肚子吸煙，自是難受，正在此時，兩個便衣憲兵，已分在兩旁，把我架著下樓，大門口停了一部汽車，他們命我先上車，兩個便衣憲兵把我夾在中間，那位翻譯坐在司機旁邊，馬達一發動，直奔黑暗處開去，此時我心裡在想，難道如此就結束我的生命了嗎？我對政府給我的使命沒有交代，對家事更沒有囑咐，況我沒有攜帶一件行李，黃泉無客店，今夜宿誰家呢?孰料正在胡思亂想,眼前一亮,已到上海北火車站,我們幾人一齊都下汽車,擁上了二等火車廂中。

到了火車上,那兩個便衣憲兵去料理別的事務,車上只剩和那位翻譯,我低低問他貴姓,他說姓張,我又問他,我們是到何處?他說:這是他們的事,連我也不知道。我沒有辦法,只有坐在那裡呆等,這時車廂的乘客,漸漸的滿了,彼此互相打招呼,談笑風生,還有人哼著流行小調和歌曲,真是「商女不知亡國恨,隔江猶唱後庭花。」我感覺心中頗不舒服,很想起來走走,此時我向押解我的人說,我要小便,承他允許了,我站起來走向廁所,同車的人才看清我是五花大綁,頓時全車鴉雀無聲,同時大家的目光都暗中瞟著我,不知我是犯著甚麼滔天大案子,火車行到鎮江站,我又好像一件行李,被帶繫車隨時坐上黃包車,到了江邊乘輪渡上岸,坐了揚鎮汽車,直向蘇北泰州走去,到了泰州,有一座廟宇,門口掛著「泰州憲兵部」，進入以後，首先檢查我的身形，並檢查我身上是否帶有財物，最後連一根褲帶也都拿了去，於是就把我關入一間黑屋裡，當我初進來的時候，看見有人穿的是便衣，更看見有人穿的一塊紅的一塊白的犯人半截綿袍，我所關的房間，地上鋪有地板，大小便也在房內，每早由犯人自己倒洗。吃飯的時候，每個犯人只有麥飯一團，這個麥飯也只有拳頭大小，另加鹹薑兩三片，有時也有乾鹹魚一兩片，如此用手捧著吃，我實在不慣，我也食不下嚥，不料「皇恩浩蕩」第二天我居然有筷子，有碗，而且吃到蛋包肉。有一天，他們把我喚出去，吃飯的時候，居然要我和他們特高科長，以及大小官員們同桌進餐，而他們吃的同樣也是麥飯，吃的菜是一菜一湯，湯吃完了可以再添，吃完飯以後，那位管刑事的課員就開始在餐桌上向我問話，他自己作成筆錄，並且還有煙（強盜牌的英國煙）有茶，那位刑事課員，是矮矮微胖的傢伙，他好像煞有介事的劈頭就問我：

「你對和平運動看法是如何？」我答：「世界上沒有永遠戰爭下去道理，我當然希望和平，但和平必須公平合理，」他說：「你既希望和平，爲甚麼不參加南京政府？」我答：「如上海全市有幾百萬人口，人人都希望和平，但不能人人都參加南京政府，就都願意參加，南京政府也容納不了這許多人，而且必須有部長或省主席的位置我才願意參加。」於是他又轉個話題向我問：「你對南京政府認識那些人？」我毫不遲疑的道：「我認識汪精衛。」他說：「汪精衛，我們不怕的。」我道：「這不是怕不怕問題，我過去確曾認識他，你既問我，我只有照實說了。」隨又問多少不三不四的話，我只有敷衍了事，問話沒有結束，他匆匆擱筆而去，停一會他拿一聽大砲臺香煙，他開聽後首先送我一枝，並且說：「這是好的。」如此又問了好久才算完了，於是他又引我到特高科辦公室裡，他又去拿我和妻兒照片給我看，（是他們逮捕我時搜查去的。）陡然的向我身上一靠說：「你想他們吧！」當時我真百感交集，只有答道：「怎麼不想呢？你也想你的太太和子女吧！」這時那位特高科長過來和我閒談，他用著不太熟練的我國語言和我東拉西扯，他對於中國四書也很熟讀，長的也很儒雅，可惜他甘爲軍閥鷹犬而不知覺悟。

關在那間不見天日的小屋裡，每夜只有和衣而眠，睡在地板上，上面蓋一條日本軍毯，痛苦已極，我在白天黑夜禱告上帝保佑我們抗戰勝利，日本早早滅亡，並禱告保佑家中平安！最使我不能忍受的是我的香煙癮，因爲早晨放上去晒毯子，得到同獄難友陳君送我一小包前門煙，湊巧一位秦君被日憲喊出來坐在我房門口抄東西，他手旁正有一盒自來火，我就用小聲低語請他遞給我，誰知我剛吸著香煙，秦君還沒有坐下，那日憲卻來了，他疑惑站起來不知做甚麼壞事，於是嘴裡嘰哩咕嚕，用巴掌在秦君面龐上狠狠打了幾下，我這一嚇，趕緊滅掉香煙，乖乖的坐下不敢動彈，這是失去自由的悲哀，因此我更希望抗戰勝利早日來臨，看這班日本小鬼還耀武揚威到幾時？

陰曆十月初六日是我四十歲生辰，同獄難友曉得了，他們湊錢，向外叫來一樣紅燒豬肉，一樣紅燒海參，一樣紅燒素什錦，一樣雞雜湯另外還買了一瓶高粱酒，事前和一位小憲兵說通了，請他在外面守望。假如有人來，趕快通知我們，好收拾盤碗等件，說起這位小憲兵，倒也可憐得很，由談話中，得知他是中學二年級學生，名字叫山根數馬，他家中只有母妹二人，可是因爲軍閥窮兵黷武的緣故，他也被徵到中國來了，他爲人不似別的憲兵一臉殺氣，保持『軍』的尊嚴，並且他和氣地和我們談話，我爲著人類同情心理，一直都很懷念他。在吃喝的時候，我平時最不喜吃肉，不知怎麼那晚吃肉特別好吃，酒也喝了少許，大概因爲多日看不見大魚大肉吧，吃過以後，正準備睡覺，那位小憲兵跑來偷偷告訴我，說我三兩天內可以得到釋放了，這天大的喜訊，使我一夜反覆的不能入睡。

三天以後，果然特高科派人提我出去，先把我進來時所搜查去的東西，一件一件都還給我，連我那根褲帶也擲還給我，於是我用手指理理頭髮，就跟隨來人到特高科辦公室，這裡預先有由上海憲兵司令部派來兩個便衣憲兵坐等，他們看見我，隨即站起來和我一同走出，他們並教我照一張照片，這大概是他們要報告上級吧。照相過後，三個人就一同走出這個廟宇的大門，直上汽車站，這時出門的人不知爲何如此之多，僅有一輛汽車，坐的滿滿都是人，這時兩個便衣憲兵，把車上的乘客通通趕下，第一個讓我上車，他們隨後上車，我們坐好以後，普通乘客才陸續上車，我不知何人在說：「這人大約是重要漢奸，不然，蘿蔔頭爲甚麼這樣恭維他？」我聽著眞是又好氣又好笑，到了鎭江以後，他們帶我到一家日本人開的料理店吃晚飯，我身上是一文莫名的，我不能白吃敵人的飯，當時我要去向朋友借錢，他們拒絕我去，我只有吃他們一碗炒飯，飯後，我表示要上火車回上海，他們說：「今晚到上海，仍然要關你的，不如明早回上海，你可以回家。」我想這也不錯，但為時尚早，如何消遣這一段時光，他們提議要逛北固山，這北固山，我曾在上面一所私立中學擔任過校長，便道遊覽，我自同意，我們到了上面，監示我的憲兵，特為買了一幅和尚所畫的山水，一定要我題字，我辭不獲已，胡亂寫了幾字算事，和尚當中有一個他認識我，他說：「周先生！你和他們混得不錯，」我當時默不作答，然心裡卻忖思，「余豈好混也哉，余不得已也。」下山以後，仍回到車站，在車站前面有一輛大型汽車，空著停在那裡，那兩個便衣憲兵帶我同上汽車，一直坐著等候天亮，天亮以後，我們三人又轉上火車向上海進發。

到了上海北站下火車以後，三人各坐一部黃包車，講明拉到北四川路日本憲兵司令部，但車伕偏要談明價錢，可是兩個便衣憲兵坐上車便叫拉走，其中一個車伕說：「好在有這位翻譯先生，不會讓我們吃虧的。」我聽到如此一說，我內心裡說不出是甚麼滋味？到了地點以後，究竟他們如何交涉，我也不便過問，這裡日本憲兵司令部，是我剛被捕來的拘留之所，現在可算舊地重游，一進去，把我丟在他們辦公室旁坐下，兩個便衣憲兵已不知那裡去了，吃飯時，我是和他們一起吃的，如此一直等到下午五時左右才由一位華中派遣軍司令部囑託的人來把我帶出去，據他告訴，他是受我方一位不願做官而願意努力和平的要人之邀請而來擔保我釋放的，這時，我能出去，總算萬幸，也顧慮不了許多，但我不能如此不顧人情就回家，我便跑到這位中央要人家裡當面陳述，我已釋放回來，並面致謝意！隨後即乘車而回，我與嬌妻愛子，雖是小別，也如同隔世一般，說不盡有萬種委屈。

（51.10.1.載於反攻月刊）

談輓聯

晚清中興名將曾國荃逝世後，乃兄文正公爲之主持開弔，當時，各方致贈之輓聯誄語，琳瑯滿目，美不勝收，而文正公認爲大都不過普通應酬而已，忽見懸一條幅，上書『雁陣驚寒』四字，文正公爲之頷首者再，大爲讚賞，嗣探知爲同里之不第秀才某君所送，乃輾轉召之來見，並以軍功保薦以榮之。

汪笑儂爲清代成名之伶人，與某王相交甚厚，迨其死時，某王欲贈聯以輓之，幾經思索，殊難滿意，蓋某王與汪，論私交為摯友，但地位上則相差懸殊，頗難做到恰合身份之語句，某王乃公開告於眾，有能代擬輓詞者，以五十金為酬。其時有某君往見，並出示『江上青峰』四字，某王大為激賞，隨給五十金以然諾，蓋『江上青峰』為『曲終人不見』，語意含蓄，不卑不亢，最為貼切也。另某君輓譚鑫培一長聯云：『岐王宅裡，崔九堂前，錯雜擅箏，內家激賞，我亦青衫墜淚，誰教紅粉多情，霓羽傍宮牆，有聲不在人間，絕世難逢廣陵散。凝碧池頭，沉香亭畔，依稀蓮燭，供奉傳呼，數番玉帳飛來，幾度金壺擊缺，樑塵落杯酒，此曲應還天上，令人憶煞李龜年。』此聯語句較長，典故堆砌亦夥，如按之實際，上二輓詞，似少許勝多許也。

輓聯在文學中，並不佔重要地位，蓋最難者在工穩貼切，因一、必須表出生者與死人之身份關係，二、必須有充分感情流露，三、禁量說明死者之地位及功業等等，以此一般之輓聯，僅敷衍塞責而已，談到出色當行，在千百付中，甚難有一二付可讀也！

（52.12.1.載於臺灣新生報副刊）

大陸河山憶舊

江湖賣藝人

任何一種江湖行當，在做的人不但要有「騙死人不償命的口才」，也附帶要有點令人驚奇的頑藝，然後才能跑遍碼頭，走遍江湖，去過流浪生活。尤其在農業經濟社會裏，鄉村中極少甚麼娛樂事項，並不如現在大小城鎮都有電影院，在家中也有電視可看。另外還有跳舞廳，歌廳以及各色娛樂場所，你假如有時間有金錢儘管儘量享受。

走江湖的事也有下面很多種：

（一）玩把戲：普通玩把戲，大半是「猴子騎綿羊」、「跑馬賣解」，和「兩腳蹬鐔子」等等，所謂猴子騎綿羊，就是由一個猴子，自己向衣箱裏拿出紅衣小帽，自己穿戴上，然後騎綿羊身上，綿羊就在場中起跑，猴子在綿羊身上做出各種姿勢，這時玩的人敲鑼助勢，惹得四圍觀眾齊聲叫好，跑了幾場以後，猴子和綿羊大概也累了，於是才停下來，玩把戲的人這時用一面鑼翻過來，向著週圍看的人打恭要錢，等到錢要過了，再繼續頑「跑馬賣解」，這是由一個婦人騎在馬上，最令人喝彩的，她在馬跑得飛快的時候，她在馬上能站立，能俯伏在馬的肚子上，做出驚人動作，，不由你不把錢送給她。另有「兩腳蹬鐔」，是由一個小腳婦人平臥在桌子上，兩腳翹起，把鐔子放在兩腳之上，再由一個童子爬到鐔子裏面，然後這個婦人用兩隻小腳做出各種花樣，看的人也都屏息以觀，歎爲不易，於是主持人又來一次要錢，下面再接頑其他項目。他們雖然不收門票，如此連續數次收錢，也就夠生活和開支的了。至於有獅子、老虎、大象的大馬戲團，在偏僻的鄉村，向沒見過。

（二）賣拳頭：這一行，不僅是打拳，還耍各種舊式武器，如單刀雙刀等類，這也是打一次拳要一次錢；但假如內行人去看，他們就一望而知，他們不向你要錢，反而說出一番江湖術語要你幫場架勢，賣拳頭的人一下場，大半嘴裏說：「各位大爺，有錢的幫錢，沒錢的幫場，我伸出拳來不像拳，伸出腿來不像腿，有不到的地方請諸位多多包涵。」說過以後就開始打拳和耍武器幾個人輪流更換玩耍，他們雖是花拳繡腿，但也都有三招兩式的「三腳毛」，總有幾年苦練功夫，不過他們都是硬功夫多，很少練軟功夫的，因爲鄉下人見聞少。他們看硬功夫才過癮。他們各個練過拳頭以後，在場的觀眾大半已興盡散去，他們也就跟著收場。

據說，過去這班賣拳頭的人，往往白天賣藝，晚間出來搶人財物，因此地方上的士紳，對他們很當心並留意，我想目前在臺灣的安定社會中，總不致再有此類不法事件了。

（三）　玩魔術：現在都市玩魔術的，大都是玩拍克牌，他把拍克牌能變成許多花樣，以引人入勝，過去玩魔術的，武的有吞寶劍或者把小孩子分成八塊，然後還是一個完完整整的小孩子從箱子裏爬出來等類。文的有以無變有，或者以有變無。譬如說，他拿自己帽子，翻過來看看一無所有，但經過他的手法，再把帽子一看能跑出一個老鼠來，你說奇不奇？他們就以這一套一套的玩藝，向著週圍觀眾歷次要錢，尤其在他把小孩子分成大塊的時候，他裝著無可奈何，哭著臉，並說他兒子已死了，將來怎麼辦呢？甚至嚎啕大哭。這時看的人都表示同情心，於是就大把大把拿出錢來，等到錢要去了，他就大聲呼喚著孩兒還不出來，這時，小孩從容的由箱子裏出來。他究竟施的甚麼法術，至今我還莫名其妙，至於其他所玩的魔術，項目繁多，在此也不必列舉。

（四）賣唱的：這行門類也不少，有的唱狗皮鼓就是把一張獸皮蒙在一尺多圓形鐵圈上，就可敲著發出聲音，然後拿著就緣門逐戶賣唱，唱一段，敲幾下，也有在鄉下寬敞地方，大敲特敲，以引起村人去聽，好在鄉下平時沒有甚麼娛樂的他們也會聚攏來聽，因而唱鼓的人，最後要錢要糧食，所要到的大半都是雜糧居多。如此他也就可以混活子。還有單獨唱大鼓的，也有帶鑼的，其次有唱錢竹子的，所謂錢竹子是把約有五六尺長的竹子，兩頭間隙挖空，再鑲上制錢若干，然後拿在手中，在身上敲打，這樣能發出清脆聲音，再和以唱詞，這都是由少女少婦拿著唱的，絕沒有男子去幹這一行。再有唱小獨鼓的，也有帶小鑼的，右手敲鼓，左手敲鑼，如此鑼鼓齊敲，把聽眾都引出來，他們也是要雜糧居多，因爲鄉下人是沒有給錢的。另外還有唱我們家鄉小戲子的，他們找到一個廣闊地方，搭起檯子，所有唱戲的都穿起彩色戲衣，差不多和平劇一樣，所唱的戲也是和平劇一樣，不過聲調不同罷了。他們也是每唱一齣戲收一次錢，這種小戲，以江蘇海州爲最多。

（五）西洋鏡：這是先裝一個好像是箱子，箱子上裝了一個放大鏡，裏面陳列各種畫片，玩的人先把上面的鑼鼓敲動，然後把裏面的畫片，一張一張的抽換給觀的人看。這裏畫片，有的是「大姑娘洗澡」，有的是某地風景，雖沒有甚麼意思，但看的人也就認爲滿意了，如此接二連三的看，他就接二連三的收錢，一個人收錢雖不多，但能川流不息看，川流不息的收錢，其數字也就不少了，這種玩西洋鏡的玩藝，以內地各處最多，在臺灣則幾乎沒有，大概是社會娛樂方面不少，誰還來看這毫無變化的西洋鏡呢？平常我們會說戳穿西洋鏡，就是因爲裝在箱子裏玩藝，真是你把它打開來一看，還不是幾張畫片，有甚麼稀奇呢？

（六）說書：說書的方式，有的不帶書本而在固定場所說書，所說的書，大半都是水滸、三國演義之類。在臺灣說書的，都看書而說，那就差勁了。過去揚州王少堂說水滸，活靈活現，顛倒聽眾，說得遠近馳名，幾乎沒有人不知揚州王少堂說水滸的，現在則早成絕響。其餘也有隨便在一空場上說書的，他們都是一人泡一壺茶，論壺收錢，他們並不是賣茶，實際是賣說書的錢，聽說抗戰時期，在南京陷區有一位受過高等教育的人，專在報上找人所不注意的新聞，他能夠加以渲染穿插而登台說書，時常被日人拘捕，此公倒是一位愛國志士，勝利後不知所終。說書人不僅要有書本上知識，更要常識豐富，見景生情，在剛巧的時候，插上一兩句或者一小段幽默笑話，就可引起渾堂大笑，增加自己的號召力，生意因而蒸蒸日上。會說書的，上台把驚木一拍，定能使全室聽的人屏息以聽，鴉雀無聲，明末的柳敬亭，不是以善說書而得大人先生的青睞嗎？

江湖生涯，種類繁多，說不盡有多多少少，但他們總還憑一技之長謀生。

（54.4.25.載於中央日報．中央星期雜誌）

鎮江的三山

鎮江是江蘇省會。古老的城是倚山帶江而建築的，隔江是隋煬帝留連忘返而終於喪身的繁華冠天下的揚州，也就是杜牧詩中「十年一覺揚州夢」的江都縣城的所在，在地理上，鎮江可算一個重鎮，在以前兵器落後的時候，真是金湯城固，所以鎮江又名鐵甕城。又，鎮江也曾經一度改名丹徒縣。

假如照目前的「觀光」要求來看，鎮江的確是個「觀光」的好去處。因爲那裡有山，有水，有古蹟，有古刹叢林，那裡更有馳名全國的北固山、金山和焦山，這三個山鼎峙而立，各有各的雄壯瑰麗。倘是到過鎮江的人，而不一遊三山，那會遺憾終身的。

北固山矗立在馬路盡頭的江邊上。由南面石級盤旋而上山頂，年輕的人可以一鼓作氣走到上面，山不高也不大，但雄偉而渾璞，有如教養很深的老人蹲在那裡一般。上面有三國時劉備和孫權並轡跑馬的遺址。更有吳國太相婿的樓閣。靠南，另有劉備與孫權二人的試劍石，再南，還有太史慈墓。在抗戰以前，我們在山上辦了一所中學。這裡環境淸靜，視線遼闊，確是青年學子讀書的理想地點。上面既沒有城市的煩囂，也沒有甚麼物欲的引誘，可以專心一志的讀書。站在山頂的後面，可以看到大小船隻的來往，仰觀江鳥上下自由的飛翔，俯視江水浩浩悠悠日夜不停的向東流著，最足賞心怡情。山上廟裡和尚不多，平時很少作大規模的唸經拜佛，且還都恪守淸規，很少下山出外閒蕩。這是鎮江最小的三山之一。

金山，有一座著名的塔，有龐大的廟宇，人們就叫她金山寺。在傳說上，金山寺曾有一位法術無邊的和尙，叫做法海，他與白蛇娘娘鬥法：「水漫金山」就是這個故事。結果白蛇娘娘失敗，使得她與愛人許仙遭到失戀之苦，現在戲臺上還演這一部戲。因爲這樣，金山寺更大大的出名了。據說金山原是在江心的，後來年湮代久，幾經變遷，就變成在江邊陸地上了。山上廟宇巍峨，香火鼎盛。山後有個洞，可以臨時住人聽說由金山的洞走下去，一直可以通到杭州的靈隱寺，但從來沒有人試過，這是無稽之談，倒也覺得有趣。金山寺的和尙，比甘露寺爲多，但也比較勢利；平常人去，只有自己遊玩走動而已，假如和尙知道是做大官或是有名望的人物來到，他們就披上紅色袈裟，出而迎接，並且擺出茶果招待，甚至留在廟裡以素齋相款。

焦山，屹立在甘露寺對面的江心中，那山比較大，廟也比較多，過去有一位如明和尙，聽說曾受過高等教育，因受到某種刺激而半路出家。他經常在外應酬，並辦有刊物，當時人們都喊他爲「政治和尚」。山上藏有蘇東坡玉帶，和駱駝蛋等類稀奇古物，究竟是真是假，也沒有人去考據過，但看這「寶」，也需要給錢，大概廟裡收入太少，不得不借此挹注。最使人難忘的，就是每到鰣魚來的季節，你可在山上等著漁人網上鰣魚，隨煮隨吃，那滋味之鮮美，無以復加。我還記得在二十一二年的時候，曾邀約同事好友十餘人，在山上畫畫、題詩、吃鰣魚，飲帶去的洋河高粱。其快樂之情如在仙境。而今人事滄桑，不可復得。目前在臺灣吃的鰣魚，都是冷藏貨，其滋味既不鮮又不美，而價錢反而特別高，不過聊勝於無罷了。上焦山是用輪渡上去的，在上山後總有和尚迎接。在屋裡或在屋外的山上，坐以品茶，或者先到各處廟宇瀏覽也可。不過那裡廟很多，短時間是無法遊遍的。過去梁紅玉擊鼓退金兵，也就是在焦山上。

鎮江的風景，不僅是三山好頑，而南門外的竹林寺、招隱寺等古刹，也有看不完的古蹟叢林。有人說，鎮江的風景線，可惜太散漫，不是一兩天可以跑得周全的，我認爲，這樣才遊得有趣，才有觀光的趣味。

（54.7.4.載於臺灣新生報副刊）

挑牙蟲的小腳婆

我不是牙醫生，不知牙是不是會生蟲，但在大陸上確有「挑牙蟲」這門行當。所有挑牙蟲的人，大都是山東、河南一帶的小腳婦人。

提起這班挑牙蟲的小腳婦人，他們的裝束，差不多都是青布襖褲，頭上頂著黑色或青色包頭巾，下面是兩隻裹得瘦小的腳，走起路來，一扭一扭的，左右搖晃著。手裡拿著一根粉紅色約有五寸長的細圓的骨針子，這就是他們挑牙蟲的工具了。他們走遍南北各地鄉鎮僻野，嘴裡連連喊著「挑牙蟲呀，挑牙蟲！」以廣招徠。

鄉村的人，談不到有甚麼科學的醫學常識。牙一疼，就以爲是有蟲作祟；聽到有挑牙蟲的來了，於是就把這挑牙蟲的小腳婦喊來替他（她）一挑，這位小腳婦人聽到有人喊她，自然求之不得。於是在你面前站好，先叫牙疼的人張開嘴看一看，她並不知道甚麼消毒不消毒，就用她的髒手指把來人的牙上下摸一摸，再像煞有介事的瞧上一瞧。然後她就說：「有蟲有蟲，挑一挑吧，包你不會再疼。」牙疼的人覺得一挑而愈，那再好也沒有了。隨之一磨再磨的講明價錢，她就開始替你動「手術」了。

在動「手術」之前，挑牙蟲的先要向你要一碗冷水，以作放「牙蟲」之用。冷水端來以後，挑牙蟲的就拿出惟一工具細圓骨針子，再叫牙疼的人把嘴張開，她用圓骨針子在你牙上挑來挑去，居然能一次挑出牙蟲若干；於是一挑再挑，直到你認爲沒有牙蟲爲止。所有挑出的牙蟲，都放在冷水碗裡，讓你看得一淸二楚。

說也奇怪，這些牙蟲，好像條條幼蛆，在水裡緩緩而動。真不知她施的甚麼邪門左道，居然能在牙裡挑出這許多小蟲！

一個牙痛的人挑過以後，再繼續挑第二個牙痛的人。一趟生意，最多能挑十來個人，最後一一如數奉上「手術費」。他收的「手術費」，積少成多，也就可觀了。於是再移動她的小脚，繼續串鄉。差不多每鄉每村，都有人向她請教。至於挑過以後，有的還痛，有的竟真的不痛了。我想不痛的人，並非因挑的緣故，大概是心理作用罷！她們只憑這一驚人的「技巧」，幾乎走遍天下。晚間至睡眠的時候，她們可向比較大戶的人家，借「車房」或者是「耳房」住宿。就這樣歷盡風霜雨露，毫不畏難的做她們的生意。

她們不只是在國內跑，竟能沿著西伯利亞大鐵道，一直走遍歐洲大大小小的國家。我有一位朋友，過去曾經留學英倫，他親口告訴我，歐洲人因爲從沒有見過小腳；看見小腳婦人，大家都很希奇，硬要她脫開小腳，赤裸裸地一看。他們看過以後，也會多多少少送一點看腳錢。這樣，她們不但幹挑牙蟲的正業，也幹展覽小腳的副業了。英國商人會動腦筋，曉得中國有幾萬萬人之多；每一雙小腳都必須穿鞋子，於是大做其小腳婦人穿的鞋，用船裝到中國來賣，他們根本不知中國婦人所穿的鞋，都是自己做的，結果運到中國的婦人所穿的小腳鞋，一雙也沒人要。這實在是一個天大的笑話奇談。

（54.10.30.載於臺灣新生報副刊）

龍蟠虎踞的南京城

南京是六朝勝地，到了明太祖的時候，他把這都城大事擴充，並在城裡另築宮殿，就是現在的明故宮。可惜爲時不久，他的第三兒子燕王棣仍然把京城遷到北京去；一直到清代太平天國起事，洪秀全又在南京建起國都來，惟爲時僅十餘年。從歷史的形勢上看，南京的確是龍蟠虎踞，有「王者氣」的一個好地方。所以國父孫中山先生也選定南京爲首都。

南京城北鄰揚子江，對岸由浦口有鐵道可直達北平，由下關有鐵道可直達上海，揚子江的船隻來來往往，帆檣如織，真可說水陸交通便利。而明故宮更有大的民用機場。

南京城很大，大體上可分爲城南和城北兩部分。城南指秦淮河、夫子廟一帶；城北指北極閣、雞鳴寺一帶，假如先到城南，可擇一家旅館住下來。當夕陽西下，萬家燈火的時候，你可登秦淮畫舫一遊。可惜秦淮河如今是一泓汙水，畫舫也嫌破舊，但藉此蕩漾，也足消遣滌慮。至於夫子廟，更是亂七八糟；廟前是擺雜貨攤以及頑槍耍棒江湖朋友賣藝的地方。

「朱雀橋邊野草花，烏衣巷口夕陽斜。舊時王謝堂前燕，飛入尋常百姓家。」這首名詩所描寫的正是南京烏衣巷的舊日風光。

明太祖的陵墓，稱爲明孝陵，華表高聳，石人石馬羅列，仍不失其肅穆氣象，國父孫中山先生安息處，在紫金山之陽，形勢雄偉，站在中山陵上，可以全城在望。

城北的北極閣、雞鳴寺，也是景色幽美，使人留戀的地方。還有最出名的毗盧寺，在抗日時期，日軍把千手觀音由日本運來寺中，以壯觀瞻。

玄武門外有五洲公園，每當夏秋，乘一葉扁舟，在湖中游盪，頗富情趣。就在船上可以買櫻桃嫩藕和菱角吃。盪到荷葉深處歇息，仰望長空，尤覺悠然。

至於莫愁湖已經朽敗了。據說「莫愁」原是個女孩兒家，湖以人名。加以傳說明太祖和常遇春曾在那裡下過棋，因此外地來的人，也會去一游，倒是在城內望著莫愁湖的清涼山、掃葉樓，很有一番詩意。

南京城內居民，只百萬有餘，但因是首都關係，每日外來的流動客人，倒非常之多。中山路上以及秦淮河畔，真是肩摩踵接，熙往攘來。尤其夕陽西下的時候，遊街玩景的人很多。這在鼓樓、新街口、花牌樓、玄武湖、五臺山一帶，最是顯著。

袁子才是歷史上有名的文人，他辭官後所築的隨園，也在南京城內，如今那裡是荒涼滿目了。

當抗日戰爭初起的那年冬天，南京城失陷，日軍入城，瘋狂的大屠殺，我炎黃子孫殉難者不知凡幾！勝利後，雖於廢墟中加以整理稍復舊觀，但緊接著共匪又全面叛亂，使都城再次淪陷。現在景象如何？實不堪想像。

猶記得日軍打進南京城的時候，敵酋曾做了一首得意的詩：「磨劍擊石石頂裂，飲馬長江江水竭，我軍十萬戰袍紅，染盡江南兒女血。」這不是殺人魔王的口吻是甚麼？

等待「王師北定中原日」，我們要看看共匪把南京又搞成甚麼樣子了。

（55.1.9.載於臺灣新生報新生副刊）

風光旖旎的蘇州

「月落烏啼霜滿天，江楓漁火對愁眠，姑蘇城外寒山寺，夜半鐘聲到客船。」這是唐朝張繼的一首名詩，連帶蘇州和寒山寺也出了名。

姑蘇，是吳王夫差築了姑蘇臺而稱的，現在改爲吳縣。在離城向西走約數里之遙，就是寒山寺的所在。寺不大而荒敗，只有康有爲寫的「鐘聲已渡海雲東，冷盡寒山古寺風，勿使豐干又饒舌，化人再創不空空」一首詩刻在碑上，以後我黨國元老張繼（溥泉）先生，又照原來唐朝張繼詩句重寫刻在碑上，所以寒山寺益爲馳名。

由寒山寺往西走，可到天平山，站在天平山上，可以瞭望三萬六千頃浩渺的太湖，山下廟宇林立，也間有少數窮苦人家，遊罷歸來的時候，道過木瀆，可在那裡歇腳用膳，于右老曾有首膾炙人口的詩句：「老桂花開天下香，看花走遍太湖旁，歸來木瀆猶堪記，多謝石家鲃肺湯。」飯店主人把它裱起來掛在壁間，藉以招徠顧客，營業因之鼎盛。

離山塘街不遠的是虎丘。有石級可上，上面有冷香閣，遊人到此，可以泡茶稍憩。旁有吳王試劍石，有生公台！所謂生公說法，頑石點頭者是。還有劍池等遺跡。丘不高引人遊興，在上面可以挹覽四週勝境，胸襟舒暢。

最使人喜歡遊逛的，是城內的觀前街。街道原來很狹，以後雖經開擴，但路面仍是碎石子鋪的。所謂「觀」就是玄妙觀，觀裡面，逐日人潮擁擠，摩肩接踵。有的人看相算命，有的人買小玩意，有的人小吃小喝，有的人逛舊書攤。

城裡有一家茶館，叫吳苑。客人從早泡一壺茶，可以喝到下晚。花一枚銅板，可以瀏覽當日各家報紙。茶房對於顧客，還不時送給你一個熱手巾把子，所有來客都躺在那裡品茶看報，優哉游哉。一般人都說蘇州人上午是皮包水；到了下午，他們又到浴池裡洗澡，所以又叫水包皮。此種風氣，惟有蘇北揚州，可與比擬。

城裡還有一個北寺塔，登臨其上，可以遠覽太湖，下視全城。平常人上去，只要三個銅板；遇到外國人，他們就要兩毛小洋。民國十三年張宗昌南下的時候，有一兵士，指著問當地居民，那是甚麼塔？居民答以「北寺塔」那兵士說「不是塔是甚麼？」蓋「北寺」與「不是」大約同音，因之發生誤會；言語不通，可為一笑。

蘇州東距上海很近，西通南京、鎮江、無錫等地，每日過境的人不少；主要交通，端賴著京滬鐵路。在蘇州車站，築有地下道，以利行人。當我在蘇州上學的時候，在星期六或星期假日，總喜歡到車站閒逛，看著上上下下的客人，有男有女，有老有少，好似活電影一般。

蘇州城內河流最多，因之橋也更多，走一兩條街巷就會遇到一座橋，所以有東方「威尼斯」之稱。街道都是碎石或是磚鋪的，年久失修，凹凸不平。住戶多是黑漆大門，沒有用紅色的；雖是深宅大院，也不例外。不像臺北市區以內，就是兩間磚造陋屋，大門也漆上紅色。

蘇州是個古老城市，沒有自來水，沒有一條柏油馬路，民家多鑿井而飲。交通方面，都是人力車；在閶門外有馬車可僱。每當夕陽西下，約著二三好友，坐著兜風，別有一番情調。也有毛驢可騎，陡然騎在上面，頗有飄飄欲仙之感。

閶門外有座留園。裡面一切布置構造，無不引人入勝。遊人進去，是要買門票的。園內一山一水，都有畫意；所有樓閣的建造，都是古色古香，不同流俗。

在園內西南隅，布置了若干假峰與樹木花草，在亭子上寫著「其西南諸峰林壑尤美」一塊橫匾。城裡其他有名的花園如獅子林、滄浪亭等等可惜都不如此園大而多趣。

閶門外靠近留園，過去有一所江蘇公立醫學專門學校。在城內滄浪亭，也有一所私立美術學校。閶門內還有桃花塢中學，此外更有江蘇省立第一師範學校，學校與學校之間，在以前都不大往來，很少作感情上的聯繫，都能各自用功讀書，絕對沒有太保太妹以及因戀愛而動刀的惡劣事件。我當時是在醫專上學的，而今事隔多年，不勝感慨系之！

去留園不遠，有個大寺，裡面有養魚池。魚多係佛家信徒放生的，站在池旁下窺，見到大黿不少，有的比方桌面還要大；遊人每買饅頭投下，以引其上游爲樂。寺裡的羅漢塑像，也各色各樣都有，有的奇形怪狀，好似活的一般，因此有多少人都不敢逼視。

「吳儂軟語」，是形容蘇州人的方言。但要年輕婦人和小孩說起來才柔嫩悅耳；要是大老頭子老太婆說起來則不大好聽；出於男子之口，尤覺軟弱。我初到蘇州求學的時候，物理學教授拿著望遠鏡用眼向裡看並接著說：「格格裡廂可以看物事。」當時我不懂他說甚麼，過後詢諸別的同學，才知他是說「這個裡面可以看東西（物事）」。有一天，我在學校門外遇到一位不到十歲聰明伶俐的小男生，我特為請他做我的「吳語老師」。以後我講蘇州話，雖不大靈光，但聽起來總可毫無隔閡。

「上有天堂，下有蘇杭」這就說明了蘇杭兩地美麗的人物風景，但願虎丘無恙，天平仍舊，留待河山再造時，重作一番細細的游覽。

（55.2.14.載於新生報副刊）

冷盡寒山古寺風

閒話蘇州山水、人物

「上有天堂，下有蘇杭。」蘇州風光之旖旎，人物之清秀，以及名勝古蹟之夥，是足夠人嚮往的。

我過去曾在閶門外江蘇公立醫專讀過書，每逢星期假日，喜歡去寒山寺、留園、虎丘等地遊玩和訪古。

寒山寺的出名，是由唐朝張繼一首「月落烏啼霜滿天，江楓漁火對愁眠，姑蘇城外寒山寺，夜半鐘聲到客船。」而流傳，在我去的時候，只看到康有爲刻在石碑上「鐘聲已渡海雲東，冷盡寒山古寺風，勿使豐干又饒舌，化人再到不空空。」一首七絕詩，據和尙說：原來的鐘已被日本人偷走了後來又由現代黨國要人張繼重把唐朝張繼的詩寫出刻碑立在廟裏，於是前後張繼同爲寒山寺而留名千古。

木瀆石家一飯店

虎丘，顧名思義是一個土石混雜的一個山丘，並不太高，從前面拾級而上，可先到冷香閣上歇歇腳，泡一杯清茶，極目四望，胸襟爲之一暢。旁邊有吳王試劍石，有劍池，還有生公台，傳說生公說法，頑石點頭，也算一個古蹟。上有小孩賣虎丘風景說明的，同時他還可以引導你去遊覽各處，更可如數家珍的向你一一說明原委，不過總要給他幾文跑腿錢。

要到天平山，先到木瀆，木瀆的石家鮰肺湯，是很出名的。最近逝世的于右任老先生，曾有一首名句「老桂花開天下香，看花走遍太湖旁，歸來木瀆猶堪記，多謝石家鮰肺湯。」並自己親筆書寫贈給石家飯店，石家飯店因此生意鼎盛，我在二十四五年去遊，還看這條屏幅掛在那裏。

再往西去，山路曲徑，一步一步走上天平山頂，山頂比較平坦，晴天可以望見碧波萬頃的太湖，也可欣賞四週零落的人家。山下有廟宇，廟宇裏的和尚不多，他們離城市很遠，我不知他們日常怎麼生活的？

閶門外的留園，也是遊客的好去處，先買門票進去，裏面真是迴廊曲折，房屋深邃，道路也彎彎曲曲的通到各處，各處題詞的，所在都有，初進去，好像到了大觀園，莫知所之，我最記得在園的西南隅有一處假山，再加以真樹真草，風景確實幽美，在上面題一個橫匾，寫著「其西南諸峰，林壑尤美」幾個大字，登在上面假峰，也足以舒暢胸懷。

西園戒律禪寺，裏面殿中有羅漢一零八尊，面目姿態，無一雷同，膽小的人，往往不敢逼視。

寺內放生池中多大龜，有桌面大小，遊人多以食物下投，以引其浮游水面，各色魚類也很多，俯首以觀，大可滌清塵慮，出寺前，靠山麓處是一泓清流，是為虎溪，普通人叫作橫塘，山徑蜿蜒，道旁有亭，據說唐伯虎曾遇秋香於此。

玄妙觀遊人如織

城內一條有名的街道，叫作觀前街，這街原來很狹，後來雖然擴寬一點，但還是碎石子路，沒有鋪上伯油，而且當時城內無自來水，說起來，蘇州還是古色古香一個城市，觀前街因玄妙觀而得名。但終日熙熙攘攘，來往人摩肩接踵，很爲熱鬧，玄妙觀裏面，各式各樣的玩藝都有，有相面的，有測字的，有書攤，有各種熱食和冷食，也有賣兒童玩具的，更有賣茶的，當你覺得累的時候，不妨坐下來歇歇腿，泡盃清茶，再喊甜或鹹的點心，細細的咀嚼，包你會感到興趣盎然，曾記得在小書攤上，看見鄉賢尹杏農先生所著「心白日齋集」，我見了大喜若狂，結果以二百文買回，尹杏農是清代有名的進士，文章道德，令人景仰，他籍貫是江蘇桃源（現在泗陽），可惜這部「心白日齋集」，歷經奔走戰亂，早已不知流落何所，這書內容，奏議居多，雖不如唐肅宗時陸贄（宣公）的奏議，大都也值得一讀。觀裏面道路縱橫，終日遊人如織，甚爲擁擠，大概蘇州人好閒，遊來遊去，以悠閒的步子，向各處張望，所謂「莫學吳兒側帽遊」，也就是這個原因。

城內還有北寺塔，登臨遠眺，全城在望，民國十三年張宗昌南下的時候他帶著文官士兵和僱用的白俄兵，有一當兵看見寶塔，就好奇的問老百姓那是甚麼塔，老百姓隨即回，答那是北寺塔，這位當兵馬上打了老百姓一個淸脆的耳括子，並且說：「那不是塔是甚麼？」因爲山東人聽蘇州人說「北寺塔」好像「不是塔」，由此可見統一國語之重要了，可惜秦始皇的暴力雖能使車同軌和書同文，而沒能做到語同音。

蘇州山水秀麗所以有東方威尼斯之稱，城內住戶流寓最多，比較可以的人家，大都是高院黑漆大門，看起來倒也很莊嚴，以前朱門深院的大戶，都得有功名的高官才可設，不像目前臺北市區，不管甚麼人家，都喜歡漆大紅色的門，所謂「朱門酒肉臭，路有凍死骨」，臺灣氣候溫和，四季如春不會有凍死的人，但是否「朱門酒肉臭」？我想大概也會有吧！

蘇州城內橋最多

蘇州城裏，橋為最多，無論到甚麼地方，都會經過大大小小三兩個橋，而婦女亦多數長得俊俏，說起話來，真是吳儂軟語，甚為悅耳，但男士說話就不大好聽了，記得初到蘇州求學時，課堂裏的物理教授，拿著望遠鏡，並說：「格格裏向，可以看物事。」當時不懂他說些甚麼，後來問到同學，才曉得他是說：「這裏面，可以看東西。」言語不通，真是彆扭，我於是在校門前看到一位大約十歲上下的小朋友，我跟他學習蘇州話，私底下我算聘了「吳語教授」，我經常練習聽和說，過了幾個月，才可大約懂得，中國之大，各地都有方言，就拿臺灣來說吧，我十幾年來，知道的還很少。

蘇州的魚產，很爲豐富，也很佳美，大概是靠近太湖的緣故，遊罷之餘，和三二知己，跑到館子裏，煮一條活鮮的魚，再來一盤活的搶蝦，能喝酒的，再來一壺紹興，其口福之享受真是無窮。我在課餘之暇，或是星期例假，很喜歡到車站一遊，看來來往往的客人上下火車，那車站有地下道，也有天橋，每次前去，足可盤桓半日，非到興盡不歸。因爲蘇州離上海很近，所以每日到客以回家探望的爲最多。

如今一別三十餘年，往事如煙如夢，相信歸期不遠，總有一天能讓我重遊這一古色古香的蘇州。

（56.11.3.載於大華晚報副刊）

十里洋場大上海

上海是馳名國際的大商埠，也是行政院直轄市之一，全市人口差不多將近三百萬。在抗戰期間，各地稍有積蓄富裕人家，多湧遷上海租界，藉避蠻橫日軍騷擾之亂，此時全市住民高達五六百萬之眾，以致人口擁擠，造成寸土寸金的現象。我是在上海完成大學教育的，後來又在上海謀生，前後僑居上海有二十年，每天走在馬路上只見人潮如流，所有來來往往的人淌來淌去，幾乎像沒有終止的時候。

上海原是海濱一個小小漁村，自從雅片戰爭以後，闢為五口通商商埠之一，並劃租界給法、英等國，期以九十九年爲限。因此各帝國主義，在租界上大事整理修建，由過去的冷落地區，一變而爲繁華場所。

勿忘法人予我的侮辱

在交通方面，有電車，有汽車。電車上只有頭等和三等座位，頭等是洋大人坐的，三等是華人坐的。爲甚麼沒有二等？因爲在洋大人眼中，中國人還沒有做二等人的資格，到後來幾經變遷，中國人一樣也可坐頭等車。在電車剛通行的時候，中國人總抱著害怕心理，不敢乘坐，於是外國人在車子外表，大書「大衆可坐」以廣招徠。

電車收費，是按著遠近而由隨車收費員給票收費的，汽車一樣照著辦理。電車有有軌與無軌兩種，汽車在英租界有雙層的，汽車在法租界二十路二十一路則是塗上紅色，比較起來，有軌電車穩妥，其他則雖快速而帶有危險且顛簸不舒服。

公園是都市之窗，上海既擁有幾百萬居民，自然少不了公園的設施，在法租界有顧家宅花園，又名法國花園，以後才改名爲復興公園，據說在起初開放的時候，法國人在園門掛上「中國人與狗不准入內」的招牌。這是給我們中國人是如何的侮辱？在公園西面有一條馬路叫莫利愛路那裏曾有國父孫中山先生住屋一所，以後就把這條路改稱爲香山路，因爲香山縣是國父的廣東家鄉，藉以紀念。在滬西離聖約翰大學南面，有中山公園，在靠近淞滬鐵路有中正公園，在吳淞江口有河濱公園和黃浦公園，另外還有晉元公園、哈同公園等，都足以供市民早晚舒暢胸襟的地方，至於郊外的龍華鎮，每屆春暖花香之際，桃花盛開，最是遊人好去處。

過去在法租界的道路，多以人命名，如霞飛路、環龍路等是，英租界的道路，多以中國地名命名，最著名的，如南京路、山東路等等都是，在南京路上最有名的四大公司，如永安、先施、大新、新新四家高樓大廈，賣的百貨齊全，每天生意興隆，顧客如梭，在四大公司的西邊，有國際大飯店，是上海惟一最高的建築物，牠不但經營旅舍，而且也經營飯店生意，每屆跑馬廳賽馬季節，國際飯店各層靠路樓上，都有男女食客，臨窗俯視。

是個整齊與罪惡的大城

上海以法租界最爲整潔，逐日在馬路上必有灑水車以清理灰塵，更不准汽車亂按喇叭。假如你在午夜十二時以後，汽車進入弄當，你按喇叭，巡捕會把你車號記下，第二天罰單送上門來，你不得不乖乖地繳納，假如你在樓上向下倒水，巡捕看見，一樣罰你。因此法租界比較清潔整齊，所以失意政客，腰纏萬金的豪富，莫不到法租界做寓公，至於每逢盛夏，租界當局則時常派人到各住戶之陰溝以及蔭蔽角落噴洒「滴滴涕」等藥水，以免發生瘟疫，英租界則除去南京路外，大都骯髒汙穢。

上海公開賭博的地方，有跑馬廳、跑狗場，在敵僞期間，舊上海城南門一帶，賭場林立，花式繁多不勝枚舉，有的賭徒於敗北之餘，只剩了貼身的短衣短褲跑回去，對家人說，是遇到了剝仔豬，所以賭場左右，典當甚夥，輸錢的人，先當手錶、戒指，然後再當大衣、上裝，以及褲子等物，甚至皮鞋也脫下送進當舖，到了無可典當，只有抱頭鼠竄，狼狽而回，也只有編造一派謊言，說是途中遇到了剝仔豬，把身上衣服全剝去了。

上海是萬惡淵藪，比較高尚的是跳舞廳，其他如按摩院、嚮導社也不少，都是以女人做號召，還有妓女院，高級的是「長三」，次是「么二」，都在四馬路一帶，最下等的是俗稱「野雞」，每當華燈初上，她們三三兩兩，成群結隊的，站在馬路旁拉客，說起來也是非常可憐的。

還有海洛英——白麵，也是上海一大禍害，吸食的多是無業遊民，起初吸著好玩，其吸的方法，有的是叫「畫地圖」，有的是叫「打高射砲」。「畫地圖」是用香煙盒裏的錫箔紙，把白麵洒在上面，下面用火柴點著烤，如此就冒出煙來，然後用紙捲在上面吸，一直等到吸完煙爲止，因爲如此吸來吸去，好似畫地圖一般，故名爲「畫地圖」。另外一種，則用白麵放在香煙上，點著往肚裏吸，這時香煙只能向上，向下則會把白麵丟了，因此乃名爲「打高射砲」，吸的人久而久之，就上了癮。這種白麵，吸得方便，不似吸雅片煙手續麻煩，所以吸的人愈來愈多，據說癮來了，渾身癱軟，甚麼事也不能做，慢慢就流爲癟三，上海每屆冬天，倒斃在馬路上的人，大半都是這一類吸毒的居多。

文化教育形成新力量

上海在租界時代，是赤手空拳打江山發橫財的處所，所以幫會最爲盛行，因爲不加入幫會，不投帖拜師，是無法活動的，過去黃金榮等都是由一名探捕，而升爲頭號大亨，他們利用租界當局的力量，租界當局也利用他們的惡勢力，互相勾結，魚肉商家和居民，於是洋大人的口袋麥克麥克，幫會頭腦以及一批大小流氓，則得其所哉，有的居然一躍而爲上海一等紅人。

上海黑暗面，真是千奇百怪，不暇覶縷，但光明面也不是沒有。如著名的學校，有交通大學、聖約翰大學、復旦大學、中國公學、大夏大學等等，不但作育人材，儲爲國家社會之用，而且在上海也成爲領導力量，安定的基石。

最能領導一般社會的，還是申報、新聞報等等報紙的鼓吹，以及各類正派雜誌在那裏潛移默化另有各種電影、話劇的演出開導人心的影片何劇情，其功也不可埋沒，通俗化的游藝場所，莫如「大世界」，一進大門就有許多凹凸鏡，照的人奇形怪狀，引你發笑，裏面每層樓都有戲可聽，如揚州戲、的篤班的紹興戲、純女人唱的毛兒戲，你不要瞧不起這毛兒戲，也有很多成名角色，在這裏唱出來。下面廣場上，則頑得不少頑藝，引得來往觀眾擁擠著欣賞，其他如新新公司等處的屋頂花園雖有唱的和玩雜耍的，可是不如「大世界」花樣多。

（59.11.9.載於大華晚報副刊）

洪澤湖與龍門口

洪澤湖是跨越江蘇、安徽兩省的一個大湖也是舉世皆知的一個大湖。在過去，由於其地處偏僻，加之交通不便，以致其優美之風景，與豐富之物產，乃很少爲外人所知。

洪澤湖是在安徽的泗縣，江蘇的淮陰縣和泗陽等縣的邊界上，湖面廣闊，好似鄉村中的美麗的姑娘，未加脂粉，樸拙可愛，大水之年，則煙波浩瀚，濁浪排空，沙鷗點點翺翔於上，形形色色之帆檣，來往縱橫於水面，四週則港汊交錯，且雜草叢生，蘆葦滿野。

湖的週圍居民，大半都是靠著湖水灌溉，務農爲生，也有少數以捕魚及撈獲湖裏的產物爲副業，因之該處居民，雖然終歲比較辛勤，但都還能差堪溫飽，所以一到旱澇之年，湖東一帶饑民，往往攜家挈眷，徒步跑到湖西乞食。

中國真是地大物博的國家，就拿洪澤湖來說，倘能予以整理開發，則不僅壯麗之風景可供觀光，其多種各類之湖沼物產，也定爲各地所樂而食用。

魚蝦：洪澤湖的魚蝦，特別多而且味美，但當地所用的捕魚工具，如船、網之類，還是老式的，以致捕獲量不多，也沒有校大的市場，可供銷售，苟能以最新式的方法，定可大量捕獲，如鮮魚無法當時銷售，則可加工製造，再能配合交通上的便利，定能使該一地區，一變而爲富庶之鄉。因爲湖裏產鯉魚、鯖魚、鰱魚等等，最大的魚，有的超過百斤以上，最小的也有三五斤一尾，至於螃蟹、黃鱔，各種魚類，更是很多，如收獲以後除去可以供鮮食及冷藏出售外，另外可設廠製成罐頭藉以向外埠大量傾銷。但在運輸上，必須先在湖邊，建築公路及輕便鐵道，以通往各地，如此才可貨暢其流，使當地工商業蒸蒸日上，且僅足糊口落後的農村副業，進而成爲賺大錢的生產事業。至於風景，亦須大加整理，藉可吸引遊客。

芡實：俗名雞頭米子，其狀外面生有刺包裹著，剝開來，裏面有玉米樣的白色米粒甚多，可以煮食，食時覺著有點粘而滑，喜歡鹹食、甜食均可，如磨成細末，則可製成似麵製的餅，再加以油放在鍋裏貼熟，其味更是鮮美異常，據說芡實，有潤肺氣，滋陰補陽之效，其產量之豐，爲別處所無，倘能予以加工製造，其利無窮。

菱角：菱角爲各地水產物，洪澤湖的菱角亦較多而且佳，有的剝開生吃，鮮嫩可口，煮熟吃，亦殊味美，如磨成細粉，沖糖食之，其味更佳妙無比，我雖非食物專家，但滋補之功，並不在任何補品之下。

藕：藕亦爲洪澤湖產量最多者之一，生吃起來，並不亞於南京玄武湖的藕，煮而食之，亦細膩而甜美，有的人，在藕孔裏塡入糖和米，更爲好吃，更有夾以碎肉，外塗麵粉，油炸而食之，則其味更佳，可惜該湖藕產雖多，無人作通盤之料理，致使名產埋沒而不彰，過去因我國地大物博，往往被人忽視！

蘆葦：洪澤湖盛產蘆葦，因爲此項植物，不須人力栽種，可以自己生長，該湖四週盡是長的蘆葦，人在其中，有如進青紗帳中，外面人看不出來，因之，所有土匪歹徒，出沒其中，如能加以整理，則匪徒必失隱蔽之處。

洪澤湖湖面廣闊，有利農田灌漑，但有時也會氾濫成災，所以週圍有洪湖大堤，用以防備水患，據說淸時吳棠在做淸河縣（即淮陰縣）正堂的時候，曾拆洪湖大堤的磚，築造城池，孰料城池將告成功，而大堤下拆出一塊碑，碑上寫著「洪湖大堤吳棠拆，拆到此處拆不得」工人果然不敢再拆，說也奇怪，洪湖發水每次都漲到拆處爲止，這是傳說，未知是否？

至於龍門口，實際只是一個池塘而已，當黃河尚未北徙之際，黃河橫貫泗陽，不知如何，這河在泗陽縣東南七里之遙便決口了，因爲決口的關係，當時就把平地沖成一個很大的池塘，地方人士命名爲龍窩口，又名爲龍門口，一縣之中提起龍門口，是無人不知，無人不曉的。

龍門口到底有多深，從未有人測量過，他是由枯大河與洪澤湖相通的。每屆夏天，居民往往躍入水中戲水，沉到水底，還可摸到瓦屋，因爲這裏原是司姓住宅，被黃河決口所沖沒的，故司姓的宗族，現仍住在龍門口的南方，其餘則以周姓爲最多。

每至大潦之年，龍門口一片汪洋，帆檣林立，蓋可由枯大河直通洪澤湖，此時兩岸居民，多攜帶漁具，到龍門口及枯大河捕魚，有一次捕到百十多斤重的大魚一尾，烹而食之，則肉粗無味，至其他魚蝦，則不計其數，亦有專門以捕魚爲業的人，用魚鴉和魚網捕魚的。

龍門口雖面積不大，頗似一普通池塘，但氣派雄偉，四週楊柳低垂，雜草橫生，每當夕陽西下，蕩一葉之扁舟，浮游其上，聽漁歌唱答，看村童追逐於池畔，此時把酒品飲於舟中，亦足以消愁滌慮，胸懷爲之一暢。

回首前塵，洪澤湖與龍門口，都是渾然未鑿的大好漁業和風景佳勝的地區，惜國人當時多注意其他建設，未遑爲該湖之整理，致豐富之物產，棄之而不利用，幽美之風景，亦隨之而不著於世，實堪浩嘆！

（56.11.30.載於大華晚報副刊）

民風淳樸的泗陽縣

泗陽縣是一個不大不小的縣份，民風淳樸，從這一個小縣，可以引人聯想起每個人的故鄉。

泗陽是蘇北一個不大不小的縣份，全縣人口差不多有六十餘萬，縣城是用土築的，但一樣有城門樓，有砲台，有護城河，因爲土城週圍只有三華里，所以城門也只有東西南北四個門，東門外還有騍馬街，北門可通向離城很近的眾興鎮。

運河橫貫全境，北至宿遷、銅山，南下至淮陰、淮安，以至高郵、揚州、鎮江各地，都賴以爲南北來往要道，同時農田水利，亦賴以灌溉滋潤，河面交通，則以眾興鎮爲樞紐。

泗陽原稱桃源縣，到民國三年，才改稱泗陽縣，縣城內最高建築物，有魁星樓、三台閣，魁星樓高有三丈多，登臨其上，可以俯視全城，三台閣居縣城中間，下有四門，可以通往東西南北四條大街，南門外有老魁星閣舊址，墳起似一個崗，早晚散步在上面，亦足游覽農家作業和呼吸新鮮空氣。

洋河大麴聞名全國

眾興鎮爲縣中惟一大鎮，隔著縣城只有三里，中間運河則建有活動木橋，每日帆檣林立，確有一大碼頭的氣勢，出產則有醬菜、豆付乾，而以抽油最爲著名，其次洋河鎮，也是地位西方邊陲與宿遷鄰界的一個大鎮，此地洋河大麴馳名全國各地，北邊的王家集，城裏的胡家糟場，也冒名以高粱酒行銷通都大邑，離縣城的南面有南新集，也是一個大鎭，北面還有王家集。

至於出名人物，在清朝有進士尹耕農（杏農），著有「心白日齋集」，在其爲官時，更是風骨敫然，迄今猶爲世人所樂道，到民國時有張相文（蔚西）先生，爲北政府的眾議員，他曾南下廣東，參加　國父召集的護法會議，另有科學家兼發明家王預（立三），他留美將近十年，所發明的算學機器，爲美國政府特許專利，其他發明的東西，不下數十種之多，民國八年上海申報月刊特爲文介紹。抗戰時有江蘇省政府主席韓德勤（楚箴）等著名人物。

泗陽全縣一片平原，無高山峻嶺，所有田地都適於耕作，惟沒有水田可種稻插秧，只可種小麥、玉蜀黍、高粱、黃豆、落花生、綠豆、以及蕎麥等，蔬菜則有黃牙菜、青菜、蘿蔔等，一般人家都是以小麥，玉蜀黍爲主食，沒有以米爲活的，就是種稻，也是旱稻，米是帶紅色的，但煮飯芬香。

宴席都是十碗八碟，或是十大碗，八大碗頭菜多上燕窩、魚皮、魚唇、海參爲主，其中最突出的菜是叫蔬雞、蔬魚，或是叫裱雞、裱魚，味美而鮮，我跑遍各地還沒有吃過這樣名菜，記得抗戰勝利後，在揚州僑居一位同鄉家裏，曾由他的廚子，特爲製了這道菜，我總算嘗到家鄉名菜，迄今齒頰猶有餘香。

不懂水利靠天吃飯

全縣從來沒有人注意水利，種田的人都是「靠天吃飯」，種子下地以後，也就不加過問，所以有人說是「懶漢田」。風調雨順的年頭，人民尚可溫飽，一遇旱潦之年，則多數貧民，只有沿門托缽，或逃命他鄉。泗陽不但不知講求水利，連肥料也是靠著人糞、獸糞，藉以肥田，絕沒有施用化學肥料的，因此農作物的出產，也就大大打了折扣。

旦泗陽出口農作物，仍有落花生和金針菜，每屆秋冬之際，眾興鎮的南下大帆船都連接停在運河中，等候由麻布袋裝的落花生和金針菜上船，運向上海各地銷售，這些都是農民的額外收入。

南臨洪澤湖與安徽的泗縣連界，那裏有老子山，據說老子李聃曾騎牛到過山上，因以得名，湖裏水產豐富，可惜沒有人儘量採發，任命魚類、芡實、藕各種水產都貨棄於湖，在離縣城七華里，有一處叫龍門口，下與洪澤湖相接，每屆大水之年，來往漁船甚多兩岸居民，亦多臨時參加捕魚。

泗陽全縣，都是旱田，只能種植玉蜀黍、高粱等農作物，到了夏天，青紗障起，無法看到有人躲在裏面，因此，一般做沒本錢買賣的土匪，則利用此一時期，大事騷擾，綁架勒索，無所不至。官方既無力勦滅，人民也自苦力薄，所以在民國八九年的時候，匪患最爲猖獗，鬧得雞犬不寧，閭閻爲墟！

純樸忠厚男耕女織

縣內人民都很純樸忠厚，婚姻仍是採取「父母之命，媒妁之言」的方式，很少有自由戀愛的，多是臨到吉日良辰，由男家雇一輛花轎，把新娘子抬來家中，夫妻恩愛的多，至於離婚案件，則幾乎絕跡，寡婦再醮，除去窮困到無法生存地步，也很少見。

全縣人民大多從事耕作，有田的多至計萬畝，少至數畝，但富家也很捨得，天天大魚大肉、大吃大喝，貧家則時在饑寒中，所以地方有「一半窮一半富，一半討飯一半僱」的諺語。縣內人民雖非個個「君子」，可是大多數還能「固窮」，男的很少推人坐的二把手土車和拉黃包車為活，女的更少僱在人家做燒飯打雜之用，這種人地方上叫做「當鍋」的，主人家對於「當鍋」的都是客氣的，以某大娘某大娘呼之。

泗陽的教育，在民國初年，全縣只有縣立高等小學一所，初等小學也少得可憐，到了民國十幾年的時候，才籌辦了一所縣立初級中學，繼續並創建了縣立師範學校一所，因爲地方財力艱窘，無法多辦學校，全縣受教育的也就很少，所有讀中學讀大學的子弟，都遠至外埠投考就學，有的還能躋身全國最高學府，如北京大學、中央大學以及清華、交通等著名大學，試想他們讀書是何等困難！

戰火摧殘景物已非

至於交通，連城裏的大街，都是條石鋪的，更談不到柏油馬路了，所有往各鄉村的要道，也都是土路，晴天則沙灰飛揚，幾乎睜不開眼睛，雨天則道路泥濘，非穿釘鞋不可，但政府方面，只知搜括貪污，對於這類情況，則熟視無睹，不要說別的，就是由縣城到衆興鎮，中間隔著淤黃河，上面也只用幾條舊船擺渡，從沒有人認爲不便而把它改建爲橋的，但以後由眾興鎭到清江浦（淮陰），也有汽車可坐。

在對日抗戰時期，縣長王殿華（光夏）把縣府遷到鄉下去打游擊，城內原有孔廟、魁星樓、三台閣以及住民所有瓦屋，都被鄉間人民偷偷進城全部摧毀，並把磚瓦木料全部運走，假定說全國任何地方施行「焦土政策」，也沒有比泗陽縣來得澈底的，因爲勝利後幾乎看不到縣城影子，所以縣府就遷到眾興鎭辦公。

三十七、八年共匪全面叛亂，眾興鎭是國匪兩方必爭之地，由於砲火激烈，兩方死的倒不多，遭殃的還是老百姓，能在砲火中逃出活命的，則爲數甚少。而今共匪盤據十餘年，又不知攪成甚麼樣子？追憶前塵，爲之痛心。

（56.12.14.載於大華晚報副刊）

家鄉年俗

在吃過臘八粥以後，就已進入『年』的圈子了，大人倒無所謂，孩子則因爲要過年，每天提起要買這買那，尤其關心要買一頂花帽子，或是做一雙老虎棉鞋，和一件花外衣，如此嚕嚕囌囌一直到年三十晚，才停止他們有限的要求，那時，家鄉沒有甚麼玩具好買，不然，又會多出一項要求。

到了祭灶的晚間，那真是有過年的氣象了，大人忙著『暖糖』，所謂『暖糖』，就是用麥芽糖蒸煖了成液狀，參著花生米拌起來，等冷了，把它用刀切成一片一片，就稱之爲花生糖，也有用芝麻拌好切的，就稱之爲芝麻糖，更有用炒麵和麥芽糖拌好而切的，就稱之爲麵糖。這些『花生糖』、『芝麻糖』和『麵糖』製好以後可以吃到二月初二『龍抬頭』的日子，另外則在灶上貼上一張灶老爺的紙像，然後燒香化紙，並且還預備是用麵楷切成大約一寸長的長短和麵麩拌起來叫做『馬草』、『馬料』，在院中向半空撒去，口中還唸唸有詞說『一年到頭麻煩您，請您上西天好話多說些，並保佑我們平平安安。』並在灶頭上貼上『上天言好事，下界保平安。』一付紅色紙寫的對聯，並放鞭炮慶祝，祭灶爲甚麼要用糖？傳說這樣可以把灶老爺的牙齒粘住，不好說甚麼壞話，只有一味說好了。

祭灶以後，家人復把各種燒好的菜，如海參、肉、魚等一碗一碗的供在列祖列宗的畫像或者靈位前面，此時一家不論男女老幼都要向列祖列宗磕頭禮拜，另外還放一掛不長不短的鞭炮，以示過年之意，此之謂『上貢』，上貢過以後，一家團在一起吃一頓豐盛的『團圓飯』，吃的是烙餅，內裏包的紅糖，大概是團圓甜蜜之意。

等到『大年夜』的除夕三十晚上，那就是正正式式的過年了，家中如有人在外，無論如何也要趕在今天回家，和一家人團聚過年還不准任何人說出不吉祥的話，更忌的是挨聲歎氣，一家人喝酒吃菜，如有僱長工的，長工也加入一起吃喝，大家在這一年最後一餐中，都是盡情地吃，盡情地喝，吃喝醉飽以後，不分男女老幼，一家人圍在一張桌上聚賭，這不是賭，是純粹取樂性質，所有賭的種類，大概是牌九，或者擲骰子，因爲子女們都已領到家長所給的壓歲錢，藉此可以『豪賭一番，贏的固然高興大笑，就是輸得一文不名，也不許說喪氣話，幼年子女輸了，大人也會把所輸的錢照數還給他們，所以年三十晚一家聚賭，其目的完全藉此守歲。

『一夜連雙歲，五更分二年』，這是所貼對聯之一，真的，第二天早晨在曚矓之際，家長早已起身，準備『接天地』，事先升起一盆柴火，在盆火旁燉了一罐冷水，等到水熱了，全家藉此洗一把『元寶臉』，然後擺上祭品，或者用整豬以謝天地，除去焚化紙印的『天地碼』之外，還要點放一掛長長的鞭砲，這掛鞭砲的長短就可以代表其家的財富如何？窮而小戶人家，最多點放三百五百的一掛鞭，有錢的，點放一萬到五萬的長鞭，劈劈拍拍的響，歷久不休。鞭砲放過之後，子女們要在沒有起身之前，在被窩裏經吃過『開口糕』，意思是步步高陞。然後挨次對祖父母和父母以及伯伯叔叔和伯母嬸娘磕頭，一面還高呼替誰人磕頭，在家裏磕過頭以後，再由年長的男子，帶領著大大小小的男孩子，到附近宗族中去逐家拜年磕頭，回來後，已經將近午時了，於是吃湯圓和水餃，湯圓是取意元寶，水餃是取意長元寶這些食物，本來不需甚麼小菜的，就是吃了小菜，也不許吃葷的，因爲大年初一吃素，是代表一年，據說元旦吃素，在一年中可以免除災難和獲得康健幸福。但桌上總要放一樣魚，表示年年有『餘』之意，吃晚飯的時候也是如此。

初二以後，再到比較遠的地方去拜年，家鄉有句話叫做『拜年拜到初八九，又沒饅頭又沒酒』，足見初八九以前是拜年的高潮，初五是財神日子，初七是火神日子，這兩天也要燒紙磕頭和放鞭砲。尤其初五財神日，也要吃湯圓水餃，藉祝發財之意到了十五俗稱謂之『小年』，這天也須大大慶祝一番，家家對祖宗對財神老爺燒紙磕頭，並大放鞭砲，彼此見面也恭喜如儀！兒童們在初五六開始玩花燈，一直要玩到十五六才算停止，可是到二月初二這一天，習俗相傳是土地老爺生日。於是又熱鬧了，家家都向土地神祠燒紙磕頭，並禱告土地老爺保佑『風調雨順，國泰民安』，燒紙磕頭以後，照例放鞭一掛，甚至有的比較富足的村莊，還大放『煙火』和『花子』藉以獻給土地老爺，以保大家全年平安！

凡是有出嫁的女兒，這天必定把她由婆家接回娘家，所以有句：『二月二日龍抬頭，家家都帶小活猴』！新年到了這一天，才算年已過了，但小孩子在這天仍大玩花燈，嘴裏並高喊：『二月二，玩花燈，今年不玩明年玩。』自此以後，大家各理生業，再也不容許賭博玩耍了。

新年，不但人要過年，就是畜生，也由人替牠們裝飾一下，在牛馬廏和豬圈的外面，貼上『槽頭興旺』和『六畜平安』紅紙寫的條子，牠們脊背上也披著紅布，表示是過年，至於貓狗雞鴨，就不爲人所注意了。

在農村社會裏，新年的確是一件大事，有許多地方頗爲可取，譬如到了除夕這一天，過年的門對子貼上了，任何要賬的，再也不好意思來討債，平時不睦而有嫌隙的人，新年見面照樣拱手互祝新年，就是討債的在新年見面也彼此哈哈大笑，不再提起欠債討債那類討厭的話，這是維持數千年和平相處的社會風氣的道理！老頭子和小朋友見面小朋友必說：恭喜您老人家身體健康，百歲到老，老頭子必定也說：恭喜你討媳婦養兒子，婦道們見面也有一套吉祥恭喜詞句，擔保在大年初一不論何人相見絕不會不理或者因一言不合而講出彼此不愉快的話來！大家總是高高興興和和氣氣的，今天是年初一，怎能講出惹人『惡心』的話呢？

在拜年的時候，年紀較大一些的固然要穿一件新洗乾淨或新做的外衣，小孩子更是花帽、花鞋、花衣，面前還圍上一個大『圍嘴子』，『圍嘴子』上有很大一個口袋，記得在小的時候，往各家拜年，等到拜完回家，大口袋裏總是裝得滿滿的由各家所送各色各樣的糖果和長輩所賜的『壓歲錢』。於是得其所哉，一面大吃糖果，一面拿壓歲錢和人賭錢尋樂，這時候的心情，一無甚麼憂慮和牽掛，只是曉得如何頑耍罷了。

最另我討厭的，就是正月十六要開學，因爲我小時候頂怕上學一直到八歲才入家塾，塾師是一位前清一名秀才，在開學的第二天，要正式唸書了，塾師說：你們在過年的時候，已經玩得快活了罷？從今天起，你們要『求放心』，要好好的唸書，不能再心猿意馬的胡思亂想，當時不知甚麼叫作『求放心』，現在曉得了，可惜已遲，真所謂：『少壯不努力，老大徒傷悲！』

（57.1.1.載於民族晚報副刊）

山雄水壯的鎮江

鎮江是京滬線上的一個大站，也是運河與長江交叉的一個重鎮。她有三山——金山，北固山，焦山——的雄麗，北臨橫貫東西浩蕩的揚子江。她是江蘇省會所在地，對岸是隋煬帝留連忘返而終於喪身的繁華冠天下的揚州。也就是杜牧詩中「十年一覺揚州夢」的江都縣城。鎮江以前名爲丹徒縣，又名鐵甕城。

以現代「觀光」的觀點來看鎮江的確是「觀光」的好去處，因爲那裏有山，有水，有古蹟，有名刹叢林。

先說金山，金山有一座著名的塔，有恢宏的廟宇人稱「金山寺」，在傳說上，金山曾有一位法術無邊的和尚叫做法海他與白蛇娘娘鬥法，結果，白蛇娘娘失敗，使得她與愛人許仙遭到失戀之苦，現在平劇的「水漫金山」演出主題便是他。因為這樣，今山寺便大大出了名。據說金山寺原在江心，後來幾經變遷，就變到江邊陸地上了，山上廟宇崴峨，香火鼎盛，山後有洞可以住人，傳說由金山的洞走下去，一直可以通到杭州的靈隱寺，但從來沒有人試過，這是無稽之談。

金山、焦山各有傳奇

焦山，這山立在北固山對面的江心中，那山比較大，廟也比較多，二十五六年的時候，山上面有一位如明和尚，據說他過去曾受高等教育，因遭某種刺激，而半路出家，他經常在外面交際應酬，有時大魚大肉，照常吃喝，並自辦刊物，刊物所載的差不多他一個人寫的文章，當時社會上都稱他為「政治和尚」，這山上藏有蘇東坡玉帶，和駱駝蛋等稀奇古物，究竟是真是假？也沒有人認真考據，但看「寶」，也需要給錢，大概廟裏收入太少，不得不借此挹注。

最使人難忘的，就是每到鰣魚來的季節，你可在山上等著漁人網上鰣魚，隨煮隨吃，其味鮮美，無以復加，我還記得在二十一年的時候，曾邀約同事好友十餘人，在山上畫畫，做詩，吃鰣魚，飲帶去的洋河高粱酒，引人入勝，如在仙境，而今人事滄桑，不可復得，目前在臺灣吃的鰣魚，都是冷藏貨，其滋味既不鮮又不美，而價錢反而特別高，在老饕的眼光中，不過聊勝於無罷了，上焦山是用輪渡去的，在上山後，總有和尚迎接，在屋裏或山坡上，坐以茗茶，或者先到各處廟宇瀏覽，不過那裏廟宇很多，短時間是無法遊遍的。梁紅玉擊退金兵，也就是在焦山上，這樣歷史的名勝古蹟，值得我們流連而發思古之情。

北固山是矗立在馬路盡頭的江邊上，由南面石級盤旋而至山頂，年輕體健的人，可以一鼓作氣走到上面，山不高也不大，但雄偉而渾璞，有如教養很深的老人蹲在那裏一般，上面有三國時劉備和孫權並轡跑馬的遺址，更有吳國太相婿的樓閣，現在京戲中還有這麼一齣戲。靠南，另有劉備與孫權的試劍石，據說當時劉、孫二人，各有心情，先是孫權拿劍砍石，心裡念著，假如我能平定天下，就把石頭砍開，果然一劍之下，把石砍開了，這時劉備冷眼旁觀，他不禁也舉起寶劍，心裏也禱告，我如能平定群雄，統一中原，就把石頭砍開，結果果然一劍也把石頭砍開了，因之至今這塊被他二人砍成十自形的石頭，還保存在那裏，傳說如此作爲談資，也殊有趣味。再南，還有太史慈墓。在抗戰以前，我們在山上辦了一所中學，這裏環境淸靜，視線遼闊，確是青年學生讀書的理想地點，上面既沒有城市的煩囂，也沒有甚麼物慾引誘，可以專心一志的讀書。站在山頂的後面，可以看到江面大小船隻來往，仰觀江鳥上下自由的飛翔，俯視江水浩浩悠悠，日夜不停的向東流著，最足賞心怡情。山上廟裏和尚不多，平時很少作大規模的念經拜佛，且都還能恪守清規，很少出外閒蕩，猶記卅一年冬，我在上海租界被日人逮捕，因爲那時我擔任蘇北江岸一縣之長，他們得到另一縣長的供詞，因之我也被逮了，先拘上海敵憲兵司令部，後又轉解蘇北敵憲兵司令部，最後輾轉詢問無罪，仍然解回上海原地釋放，當我由敵憲二人押著回滬時，路經鎭江，他們一定要到北固山遊玩，跑到山上，湊巧碰著一位過去認識的和尚，他偷偷向我說，某先生你能同他們混混不錯，我心裏答道：「余豈好混也哉，余不得已也。」這北固山，雖是小山，但站在觀光的觀點上，也値得一遊。

鎭江肴肉美味可口

鎭江的風景不僅是三山好玩，而南門外鄉間的竹林寺，招隱寺等古刹，裡面和尙多達數百人，定時吃飯、念經，他們動作一致比軍隊還要嚴格，而且數百人在一齊用膳，不會聽到一點聲音，還有昭明太子讀書樓，以及各種字畫古玩等等。你去一天也看不完各寺寶物，並且站在廟後高處向北望，也可看到城池一切景象，有人說，鎭江的風景線，可惜太散漫，不是一兩天可以跑得周全的，我認爲，這樣才遊得趣味，才有「觀光」價値。

我是在十八年到鎭江的，一直就在那裡服務整整八個年頭，假如不是二十六年對日抗戰，說不定還不會離開，至於鎭江吃的方面，最著名的則是肴肉，目前台北也有館子出售肴肉，可是這裡肴肉，不能與鎭江相比，因爲這裡肴肉硬得很，好似隔日燒餅一樣，毫無滋味，使人時時想到鎭江的肴肉，其他出產是醋，鎭江醋也是最出名的，因爲醋是重要調味品之一。

鎭江原有磚砌的城，非常鞏固，有鐵甕城之譽，街道非常窄狹，假如有兩輛黃包車，對面相拉，非一輛讓在一旁，在勢就不能通過，十七年後，因爲改爲江蘇省會，所以西城一帶城牆拆去了，不然對江邊交通，太不方便，江邊原有英、日等租界，我們在那裏也設有海關，所以大旅館都開在江邊，長江輪船上下，都以江邊爲貨物集散地，每日來往旅客，也非常之多，火車站，則設在南門外，逐日由南京到上海，或由上海到南京，都必在鎭江停留一下，因之鎭江爲水旱的大碼頭，我記得我十五歲那年夏季，由蘇北路過鎭江上南京考學校，火車票三等車定價是五角我恐怕把銀元他不要，特爲拿一元大洋，換成銅元，孰料車站賣票的不要，反而又拿出一元大洋給他，他又找回數百銅元，這下真把我害苦了，我穿的是單掛褲，外加一件長衫，你看這許多銅元，教我如何攜帶？那時我年紀小，又從未出過門，自不敢對售票員發話，等到上了火車以後，看到有人吃香蕉，我心裏好生奇怪，不知是甚麼東西，因爲在我們家鄉，不但從來沒吃過，連看也沒看過，以後看到有人剝而食之，我也買了幾根嘗嘗，似乎沒有甚麼味道，誰知垂老之年，反而來到出產香蕉之地，逐日都可大吃而特吃，這不是莫名其妙的事嗎？又誰知我又能到鎮江服務前後八年之久？人生遭遇，都由命運安排，你能說甚麼呢？

江蘇省會人文薈萃

在抗戰以前，鎮江生活是安定的，早晨起身，三十文下一碗大麵，就可以吃飽，假如上館子，一毛小洋，就可以吃一碗肴肉麵，一塊二毛錢和菜，可以有四菜一湯，滿可以招待一次朋友。洗澡，坐在最上房間，洗的是盆湯三二人，連同小賬，不過一元了事。旅館以江邊大華飯店爲最大，也最新型，住房連浴室，也不過五元，這是最闊的了，平常很少人去開這種房間。

住在十里洋場的大上海，使你隨時隨地要爲生活而奔走，住在蘇州和揚州，容易使你爲生活而懶散和糜爛，唯有住在鎭江，可以使你生活不鬆不緊所以我認爲鎭江的確是好的住家所在，可是一別三十年，現在鎭江又變成甚麼樣子，共匪還能讓你舒舒服服過活嗎？我在鎭江，曾住過觀音橋巷、大市口、五條街，以及中山橋西，那裏無一處不安靜，無一處不合適，房客和房東，真是如家人一般，從來沒有鬧意見，或者吵嘴等不愉快的事情發生，我懷念鎭江，盼早日反攻，早日再到鎭江，過安樂的日子。

鎭江在作爲江蘇省會後，也開闢中山、中正幾條大的馬路，但都沒有鋪上柏油，僅是碎石子路面而已。在抗戰初期臨撤退之前，通往西門大街一條馬路，僅開成道路模様，未及正式施工，我政府就逼著走了，勝利後，我再到鎮江，曾看到已經築成。

那時大專集訓是在鎮江，主任為王敬久擔任，現在中將，蔣緯國也以東吳大二資格在接受訓練，我呢，則以公務員身份，參加江蘇社會訓練團受訓，結業不久，原來準備再參加廬山訓練，可惜抗戰已起，時間上來不及去，就追隨避難的群眾先到武漢去了，誰料一去八年，終於勝利歸來，這次為避匪來台，不覺已近二十歲月，不知那年能回大陸，希望鎮江已經展開微笑在那裏等待我們，我再到鎮江，將不惜花費時間與金錢，再度遊遍三江雄偉和瞭望長江東流，並細細走遍南門外各深邃廟宇。

〔57.8.8.載於大華晚報旅遊副刊〕

先嚴遺文集

嘯廬論相

談相

只憑一個人生辰八字，就能斷定一個人一生榮辱得失，這未免太虛無而微妙，倒不如對一個人長相細細端詳，可以知道一個大概。譬如人的整個身體，以及頭部、身段、四肢・還有耳、目、口、鼻等等，長得是不是合適？是不是夠氣派？再有一舉一動，一飲一食，是不是都中歸矩繩墨？這些不問來人，而可一望即知的。

根據主觀的見解，我開始認真研究相術・如麻衣、柳莊、以及相法大全、相法秘訣、鐵關刀；以及各家所撰的相書，我都收羅起來，於暇時閱讀，偶而據書中所得，暗中替每一個達官貴人，或販夫走卒，看看他們「貴」在何處？「賤」在何處？大體上都能和相書相合。由此益增我研讀興趣。

我認為現在看相，不是僅看相就算了，自然不僅懂得相法，最要緊的還要懂得國際情勢，國內政治狀況，以及社會、經濟、軍事等等各種情形，都得了解，因爲現在的每一個人都和各方面發生密切關係，當然與各方面都有關連，你只可根據相書原理而變化運用、你不能根據相書原理放之六合而皆準。

我們更要曉得相書是根據歸納法，也就是集合同類項，如甚麼眉毛主兇，還是主吉？甚麼眼睛主發，還是主滯？甚麼鼻子主富，還是主貧？怎樣走路主貴，還是主賤，諸如此類，也不過是大概說說罷了。你要知道人的身體各部門，有如在學校裏各門功課，你數學不好，還有其他功課可以補救，並不能因某一科不及格，而抹殺其餘所有功課都不好，也不能因某一科高到一百分，而認爲其餘功課都是優等，這裏面加減乘除，不能以一概全的，「相」的難懂，就在此處。

一個人的兩隻眼睛，關係最大，因爲兩目好比日月，假如長的黑白不分，毫無光亮，就同日月無光一樣，還能生長萬物嗎？所以兩目千萬不能像終日沒有睡醒糊糊塗塗。

看相的最大難處，就是「氣」「和「色」，所以有的相士們要掛出「善觀氣色」的招牌，一個人臨時得失，要緊的是氣色，據相書上說：氣是皮膚裏面發出來的，色是顯露在表面的，氣色發暗，總是不好，必定要發光發亮，普通人說「紅光滿面」，其實這不是好的現象，一個人果真如此，說不定會有甚麼事故發生。因爲照說一個人在表面上發紅，並不是一種好的現象，一定要從皮膚裏面發出微紅帶紫的顏色才好。據相書上說，一年之中，只有六月（指農曆）色紅相宜，其餘各月裏發紅都不佳，因此氣色最難看，假如沒有經驗和閱歷，看的時候，更容易有差錯。一禽一獸，一草一木，都有其相。如甚麼樣的鳥才會叫好看！甚麼樣的獸才有力好使用？甚麼樣的花才能開起來好看好香？甚麼樣的樹木才能結實，這都要內行人才能鑒別出來的，所以禽獸草木都能有相，人爲萬物之靈，更應該有相的道理了。不過「相」是根據實體來觀察判斷的不是如算命，只根據生辰八字太空洞了，有的江湖術士們，說是「哲理談相」，我不知他是憑甚麼哲理？

說來中國的玩藝不管是那一項，都必須首先明瞭五行、八卦和干支，所謂五行，就是金、木、水、火、土，八卦，就是乾、坎、艮、震、坤、離、巽、兌。干支就是甲、乙、丙、丁、戊、己、庚、辛、壬、癸和子、丑、寅、卯、辰、巳、午、未、申、酉、戌、亥的配合，不論研究「醫」、「卜」、「星」、「相」，那一種學問，開始都要把這三件法寶——五行、八卦、干支——攪清楚，然後才能著手研究。因爲這裏面相生相剋，相輔相成的道理，在醫道上，譬如心、肝、脾、胃、腎，就拿金、木、水、火、土來代替，這好比數學上拿X、Y一樣，其他「卜」、「星」、「相」也是同樣道理，你能說這樣代來代去就是「哲理」嗎？假如要說是「哲理」，也是似是而非模棱兩可。

相是普通人都能看，不過要他下一個判斷那就難了，因爲這裏面的盈、虛、消、長，以及如何加減乘除的道理，有許多地方，只好意會，不便言傳。一般相士，對看相的人，滿口術語，藉以欺騙鄉愚，譬如「眼」，他不說眼，而說是「觀察官」，其他各部位，同樣也說相書上的名詞，其實會看相的，對一個來人，已先知大概，他首先看看來人生的體型，第一先看來人長的三停是否相稱，所謂「三停」，上停是指的頭部，中停是指的頭部以下，兩股以上，下停是指的腹部以下，而至兩足，果真長的三停得配，大約還好，第二再看頭部三停，所謂頭部三停，上停是指兩眼以上到髮際，中停是指鼻尖以上到兩眼。下停是指鼻尖以下，而至下顎，這三停如果長的也相配，當然更不會壞到那裏，最後才細看他的面部。大概女的下停太長，中停較短，十有九個，都是風塵人物，男的下停如果太長，也容易操衙役，車夫之流爲業，但這並不是定律，不過留著參考罷了。

所謂「相」，要看他坐、臥、起、居以及各方面留心才能看得真切，不是三言兩語所可了事，相書上說：「立如松，坐如鐘，睡如弓。」這是說一個人要坐有坐相，站有站相，不能隨便歪斜身體站在那裏或者坐在那裏，至於飲食不能發出聲音，也不能縱聲大笑，入睡時更不可仰臉噱腮如死屍一般挺在床上，必須屈身而臥如弓一樣睡在那裏，走起路來，也要直線前進，不可兩面亂晃或者搖搖擺擺，也不合適，總之，一切都能合乎相書上所說的才能主貴，再說男人上身短下身長太半都是做生意買賣之人上身長而下身短的太半都是以官宦爲業，面貌清秀的主功名主富貴榮華，面貌混濁的主財富壽考。

最怕人犯「三寒」，所謂三寒，就是「眉寒」，「筋寒」，「聲寒」，所謂「眉寒」，就是常時把兩眉緊湊起來，「筋寒」，就是常時把兩肩聳得很高，頭部好似縮在肚裏，「聲寒」就是說話時顫抖而且吞吞吐吐，好像很艱難而說不出來。一個人無論其他部份生得如何清奇，假如三寒齊發一定終身不發，但是如只犯一寒，也許比較好些。

至於相書上大都說男的如何如何，對於女的說是甚麼相主剋夫刑子有數十種之多，主淫亂的也有許多種，爲甚麼很少說男的相主剋妻而淫亂，這就是那時重男輕女了，而且相書上沒有說女的好相可以做官，現在不是女的亦可做官嗎？所以幾百年以前所著之相書，現在只能作參考資料罷了，因爲古時的「相」，都是根據中州〔現在河南〕一帶的「相」作標準的，那麼現在的人種已是不論南北之人都可相愛而結合，甚而至於和歐美各地人也可結合，「相」也要跟著時代而進步，絕不能「墨守成規」，一成不變了。

相士之中，有的專看手相，而向人要錢的，也有奉送手相的，據說左手的掌紋是先天的右手的掌紋是後天的。由手上的掌紋，可以斷定一個人的得失禍福，西洋人對於掌紋也有甚麼是健康線、事業線等等說法。如果照著看，也許有一二相符之處，其實人的身體任何一部份，會看的都可判斷終身。不一定在掌紋上才可看得出，不過在掌紋上更容易看罷了。

〔54.4.4.載於中央日報中央星期雜誌〕

揭開「相人術」的奧秘

千餘年來，人們經驗的累積，形成了各種學問，「相人術」也是其中的一種。它絕不是一般「江湖術士」的信口雌黃，確有其合乎統計原理的科學依據，從而演變爲相書上的各種原則。假如你會看相，則你交友處世，必可處處高人一著，不致吃虧上當。

首先聲明，看相要想十分準確無誤，是很不容易的，因爲天下事都是相對的，沒有絕對的。況且相書都是幾百年前的人作的，那時候人的身體又高又大，和現在的人又矮又小大大不同，加之以前社會人事關係簡單，也不像現在人事關係複雜，你假如死啃前人所作的相書，來相今人，實在有點不大合適，但我們又不能不根據相書原理來談相。

從面部看起

普通人總稱看相的人爲相面先生，其實看相不僅是相面，也要把全身各部都能相得出，單單相了面部，是不能斷定一個人一生的。我們要知道人的身體各部構造都很奇妙的，不是幾句話就能說得了的。

第一先看面部，所謂面部包括耳、鼻、口，和兩眉及兩顴，一個人髮際太低不好，兩眉眉梢太低也不好，你看演平劇中的奸臣壞蛋，大都把他描成八字眉的臉譜，就是這個意思。所以揚眉才能吐氣，但眉毛帶劍，主兄弟不和，眉梢太散也不好。兩眼必須光亮而黑白分明，並且要清秀，眉眼好，才能飛黃騰達，如眉粗目滯，一生將困頓不發。兩顴也要生得高低適中，男子比較要高些，女人顴骨高了就不好，所謂「婦人顴骨高，殺人不用刀」。婦人顴骨太高的，大半都是中年剋夫，很少夫婦能白頭到老的。鼻子應長得高而筆直，鼻準更要高些，但不能大而無庫，所謂無庫，就是鼻端大而且高，只露出兩個空洞洞的鼻孔，無庫就是無財。兩耳長得必須有輪而厚，如只長著像耗子一樣小耳朵，那也不好。常人說「兩耳垂肩」就是有輪而厚的意思。假如真的「兩耳垂肩」，那不是成豬耳朵了嗎？最後再看口部，兩片嘴唇宜紅潤，要平而且方，附帶牙也要潔白整齊，大小均勻，生得似老鼠牙也不好，牙最好能長三十六個，最少也要二十八個，假如只有二十四個，定會饑餓而死。鼻準以下到口部這中間一小段叫「人中」，也有人叫「人沖」，人沖必須有邊有岸，假如無邊無岸，很少有子嗣的。

眉眼主功名

總之，眉眼主功名，一定要眉清目秀；鼻子主事業，一定要隆起高直；口部主六十以後富貴榮華和壽考，一定要唇紅齒白；兩顴主人一生權力有無，兩耳是看你的幼運如何？還有要緊的，兩眉中間，叫作印堂，千萬不能在正中有一線皺紋，那叫作懸針，有懸真的人，大都會吃官司；就是偏了，也會影響你的一生事業。再看氣色，氣色必須光亮而帶黃色，面部好像才洗過一樣光潔，才主亨通，假如滿臉垢污必主困滯。每一個人中堂或者人中發暗，固有禍事臨頭，如中堂、人中和地角都發暗，則必遭橫禍或因病而死亡。

還有兩眼的眼角有了散紋，主剋妻所以相書上定名爲魚尾紋，因爲那地方叫妻妾宮。在兩眼下面叫兒女宮這地方可以看出你的兒女賢或不肖，兒女宮最宜飽滿，切忌單薄無肉。因此看兒女多寡，要看兒女宮和人中兩處，然後斷定你兒女多寡和賢不肖，看相要各處參加起來看，不能只看一處，也是這個道理。

面部不能有「痣」和「筋」，所謂「痣」是高出於皮膚的黑色的黑點，所謂「筋」，就是暴起在面部的脈絡。人的面部有痣有筋，總主一生奔走勞碌而一事無成，因此在相書上說：「面無善痣，面無善筋。」

頭部細端詳

有幾人面部有痣有筋，能夠安享富貴尊榮的？普通人常說：某人是「白麵書生」，其實一個人不能只是面白，要身比面白，兩手也要比面和身皆白爲佳。

看相不僅是相面，整個頭部也應細細端詳。因爲頭是一身之主，不宜太小太尖，也不能太大太圓，總要與全身相配。然後再看骨格如何？最要緊的，腦後不能長的平直好像刀削的一樣，必須要有玉枕骨或是品字骨才好，而且更應多肉，才主有財。男子的喉頭也不能長的突起這樣會主偃蹇，以致一生清苦。

其次再看兩手，手的相法很多，有中外之分，中國古老的相法是男左女右，男的看左手，女的看右手，手上必須有玉柱紋才主貴才能化難呈祥。外國的相法，只看右手，也能斷定你的事業、健康、感情各方面如何。中國的手相是根據八卦論斷的，妻子怎樣？在手上也可看得出，有無偏財，在巽位上也有表現；家宅平安與否？在乾位上也能端詳出來。祖上有無產業和德蔭，更可看出，在手背上，千萬不能有青筋暴露，假如有青筋暴露，主操勞，假如瘦如枯柴，主貧困。上好的手，宜軟如棉花，所謂柔若無骨是也。但女的兩手則須較硬，並且手背宜厚而有肉，則主不須奔波而能富貴。

三停宜得配

身上宜骨肉均勻，有痣都是好的。脊背也應挺直，不能傴僂前傾，臍眼要深，最好能深得放個雞蛋才好。兩腿宜有汗毛，才主子孫孝順。兩臀要肥大，站起來不能露出肛門，假如露出肛門，定是乞丐之流。龜頭要大而圓，睪丸要緊而縮。假如龜頭小而尖、睪丸鬆弛下來，定主身體衰弱，做事無恆。至於兩腳，也應大小適度，要緊的腳背不能暴露青筋，兩個腳後跟，也要有肉，不能凹得太深，凹得太深，也主奔走勞碌。腳心最好有痣有紋，腳指要長有汗毛，因爲足是一人站立和走路的所關，最要合乎相理。

全身上下都相過大概了，我再來談一談人的三停，三停最宜得配不能有長有短要緊的還看你的「精」「氣」「神」如何？精、氣、神一定要清秀有力，假如一個人無精氣神，再加上長的三停不勻稱，則終身難望發蹟。三停比較好相，精氣神之有無多寡，就在看的人之經驗來判斷了。

醫、卜、星、相，這四種頑藝，中國自古並列。中醫診斷人的病症，著眼在望、聞、問、切，所謂望，就是相。如你鼻樑有斑痕，胃部一定有病，鼻準發紅，一定病在肺部等等。其他各種病症，也可由望中判斷大概。

非空言欺世

相是表露在外面，也就是內行說的外五行，是根據干支和五行相生相剋的道理來推算的，也就是內五行。我認爲內五行太玄妙了，不如相是外五行看的比較真切。據說漢朝的許負（負，就是婦人）是看相的能手，鄧通富可敵國，但她說他將必會餓死，畢竟這話是驗了。唐明皇的太子生了一個兒子，長得很瘦，惟恐明皇看到不高興，把另外一個王爺生的又白又胖的兒子給明皇，誰知明皇一看，愀然不樂，然後太子再把自己生的兒子抱給明皇看，明皇接在手中並走到屋外對著日光細細端詳，看罷大笑著說：「這才是我的孫子呢！」於是回到屋裏坐定歡笑，並說：「今天一室之內，有三個皇帝。」宋太祖登基正位那一天，陳摶騎在驢上聽到這個消息，他仰天大笑說：「天下從此太平。」唐明皇與陳摶都是懂得相法的人。

勿墨守成規

相絕不如算命之玄妙，因爲相是依據生理的形態和心理的變化然後再加減乘除以判斷，絕非空言欺世。當我在鎮江服務的時候，有許多認識的人來託我代爲謀事，我總想盡辦法替他介紹，有的三數月就回來了，有的一年半載就被撤差，甚至有的到職後因爲貪污而遭看管坐監牢。

當時我心中對此種種情形頗爲奇怪，難道真有命運之說嗎？不然，爲甚麼有的人高官厚祿歷久不衰，有人位居末僚，反而曇花一現？這其中一定有緣因在。我乃開始研究相法，並搜羅各種相書，不論前人所作的或今人所寫的，我都一一觀覽揣摩，後來一天一天的積累相信其中果有幾分道理，於是無意中常爲人看相。

看相絕不能只懂相理，還要明瞭社會、政治、軍事、國際種種情形，然後參雜起來再下結論。普通看相的只知相理，而無現代科學知識，替人看相，當然不會正確。要知目前已進入原子時代，相理也應隨著時代而進步，千萬不能墨守成規。

相書上更有以形相人的，所謂形，是根據金、木、水、火、土相的，是凡金的人，大都是開國元勛，創立百世之功，木形的人，往往以文名世；水形的人，則主一生勞碌，事少成就，火形的人，則大起大落，一生榮辱無定；土形的人，主大富大貴。一般人，都是各形混雜不清，很少有純粹一種形的，這就要看相人去細細的端詳了。再有手相是根據八卦的乾、坎、艮、震、坤、離、巽、兌而定的，如乾位是主家宅如何？巽位是主妻妾和偏財如何？這非細看不可！看相是看人妻、財、子、祿各方情形，相書上把妻財合在一起，有妻才有財，有財才有妻，又把子祿合在一起，有子才有祿，有祿才有子。其中的道理，要看相的人自己去揣摩，我想這也不過是假定罷了。

「相」隨心轉

一個人長得太胖或太瘦都不合適，最要緊的是各部份都能配合，胖要有神，瘦要有精，並且都要氣足，然後才能談到富貴榮華。否則，一生困頓。但胖的大半還能衣食無缺，瘦的則很多沿門托缽。至於人的壽元，很難斷定，所謂「相由心轉」，你要能做好事，行善舉，雖是短命的人，也可長壽；不然，雖是長壽的人，也能短命而亡。眉毛是要長而向下垂，長而向上，則主於子孫不利。唇上的鬍鬚必須要滿蓋上唇，如人中無鬍，則主遭謗。但西康、西藏等地人士則不在此限。再有頭髮不要太濃或太黃，太濃主偃蹇，太黃主勞碌。假如是女的，頭髮太黃則主偷情淫亂。至於指甲宜纖長則聰明，月白大，則主情感很重。男子的腳要大而長，太小太短主立足不穩，事業很少成就。現代選美，認爲女子要講求三圍，其實男人也應三圍得體，如屁股削而無肉，則必流爲乞丐。

雖然江湖術士把看相賴爲衣食之資，以致上等人士會把它看成微不足道的末技，其實相是實體的，況目前道德淪胥，人心險惡，假如你會看相，則交友處世，定有很大幫助。甚麼是君子？甚麼是小人？可一望而知所選擇，不致吃虧上當。

可裨益社會

你不能把每一個人的生辰八字都拿來推算，就要靠相了，譬如眼不能狼顧，狼顧是代表一個人心地險詐，這種人你趕快敬而遠之。和人相對談話，一定要兩目直視對面的人，苟兩目游動，或兩目斜視而狼顧，則其人定不可交。

綜上所述，相面的價値是不能否定的。另外，摸骨一道目前在台灣也很流行，我對此道，有一知半解。有的人專門摸頭骨，有的專門摸手骨，有的全身的骨都摸，大體上骨格必須淸奇，才能主富主貴。我認爲相是社會教育，明明你知道他會貪污不法、作惡多端的壞人，你可旁敲側擊，使得他能回心轉意，變成善良；明明你知道他質地很好，但性情游疑不定，你可以從旁鼓勵策勉，或可事業成功。這樣，相就成爲一種有益社會的力量，不致只成相士們混一口苦飯吃的行業了。

（54.5.22.載於聯合週刊）

看相

貴賤氣色虛看實看

筆者讀了不少相書，根據所讀的各種相術，我自作聰明把它歸納分成「虛看」和「實看」兩方面，再把它各分爲五類來看，我慚愧學藝不精，還請內行多予指正。

甲、虛看：分為「形」、「神」、「氣」、「色」、「聲」五類。

（一）形　所謂「形」，就是金、木、水、火、土五形。凡是金形的人，多是開國元勛創業立功之人。木形的人，必聰明睿智文采風流。水形的人，多是性情活潑但極少成功。火形的人，往往大起大落，很少有好的結果。土形的人，待人接物多穩重，主有財富。不過，世人混雜的形居多，很少有單純一個形的，假如是單純一個形的，必主大發大貴。因此，形最難看，普通看相的，還說有甚麼獸形和鳥形，更是莫知所云，所以看相的，必先看來人是屬於那一類的形，然後再判斷他的終身榮辱得失，並非只是相面就算完事。

（二）神　所謂「神」，是指精神而言，一個人要精神充足，做事才有作爲。如果萎靡不振，精神頹唐，定是販夫走卒之流，就是他五官長的如何端正，也就不足爲奇。

（三）氣　所謂「氣」，要壯，要充足，不能軟綿綿的像一堆爛草，因此一個人要有精氣神，這氣是從人的裏面發出的，神雖差而氣足，也主人一生衣食無虧。如人而少氣，或甚至無氣，則其他各部長得再好，也就不會發達。所以我們形容一個了不起的人，大半以「氣壯山河」來描寫他。我們在細細玩味這個「氣」字，也就可以思過半矣。

（四）色　這是從表面看的，一個人的「色」，一天可有幾次變化，也有幾個月或者年把不變的，「色」多是從面和手掌上看，一個人能印堂發亮，鼻準黃明，人沖潤澤，這三處都好，定主大發。反之，則必有禍殃，就有一處發暗發烏，也主事不順心。如所走的部位好些，也不致有大的差錯。所以看相以色最難看，往往因看的不正確，而與事實有誤。因此要看色的正確，必須先練習看白色牆壁，然後再來看人的面孔，如此才能斷定人的色如何。

（五）我們形容一個人的聲音，要聲如洪鐘，因爲鐘不但有聲，而且音也拖得很長，這樣才主貴。假如像用手去拍桌子，一拍就了，是無聲無音，那就不好。並且說話要爽爽快快的發出，不能吞吞吐吐，好像真有骨鯁在喉說不出的樣子，更不主貴。甚至有的好像寒天凍的抖抖的說話，此人必主賤，即使其他有好的部位，也不足挽救這項短處。所以一個人說話聲音最要緊要有「聲」有「音」。

乙、就「實看」來說：

（一）面　普通人稱看相的人爲相面先生，足見面的重要了。因爲各種部位和精氣神，都會在面部表現出來，所以相面最爲重要，不過相面不是只看那年走到甚麼部位就算了，必須先看面部是不是有「筋」有「痣」，因面部有「筋」有「痣」，總是不好的。所謂面無善筋面無善痣是也。所謂「筋」，是暴起的青筋，痣是突起的黑痣，然後再看面部的「三停」，是不是得配？總而言之，面部必如才洗過的一樣乾淨才好，至於「髮際」，不能太低，兩眉必須上揚，因爲揚眉才能吐氣，長眉向下，主壽，長眉向上，主刑剋子孫。兩目應黑白分明，不能露神，尤其不能有紅筋貫目，如果有紅筋貫目，定遭殺身之禍。必須眉清目秀才可取得功名。顴骨不能太削，太削主一生不能掌權。鼻子要高得相稱，太高則孤峰獨聳，主老而無倚無靠，太低主無財，一生窮困潦倒。鼻孔要有庫，否則終身也會無財，但不能露孔。兩耳要長得有邊有輪，不能發烏，耳白於面之人，定可名揚四海。嘴要長得平且大些，唇要紅潤，齒須潔白，唇紅齒白，才是主貴之人，但牙能有三十八個最好，如只有二十四牙，定主饑餓而死。牙也不能露在唇外，假如眉露骨，眼露神，鼻露孔，耳露筋，口露齒，五露齊全，方可主貴，如只有三露四露，則必死於道路。最要各部相稱，相面的常說，面部長的天庭飽滿，地角方圓，才主富貴，世上沒有尖嘴撮腮之人而能發達的。也沒猴頭雀腦之人而能大富大貴的，所以相面的把人的面孔分為甲子形、申子形、田字形等等，以相人一生得失成敗。再唇上要有髫鬚，如人沖中斷，則易遭謗。但西康、西藏之人則不在此限。

（二）手　手是人的重要部門，有人專門替人看手相，手相有中西之分，中國的相法是看左手，西洋相法是看右手。中國的是分八卦而看，如乾位主家宅和自身之平安與否，巽位可以看妻妾和偏財之有無等等。西洋的則分為健康、感情、事業和智慧各線。五個手指的骨節也可分為百歲年齡來看。會看的只要看手，就可斷定一生榮辱。手掌要紅潤，所謂硃砂手主富，如發白如玉也好，最怕枯而發灰黃色即不好。手背要有肉，主創建家業。如青筋暴露，主操勞窮困。女人的手要稍硬，男人的手要軟如棉花，如此才能主富貴壽考。且手背長毛雖主勞碌，但也主子孝孫賢。手指上的「月白」要稍大，主富情感，十指如槌，必是愚魯之人；十指尖尖，才是聰明之輩，手心的紋，不能太亂，亂則主心無主宰。如有玉柱紋，則主遇難呈祥，逢凶化吉。至於婚姻如何，在掌紋上也可看得出。

（三）頭　頭為一身之主，最要長得配稱，太大固然不好，太小也不合適。在腦後必須要有玉枕骨和品字骨才好，如腦後長得如刀削的筆直一樣也不好，腦後頭髮要長得高，不能太低，太低則主蠢笨。且頭必須長得端正，不能歪斜。頭頂要方圓，不能太尖；方圓才可發達，太尖則少成功。所謂尖頭銳面之人，是很不好的，尖頭之人，往往誤入歧途。頭髮必須烏而且鬆，並須有腦油潤澤才主貴，假如粗厚且硬，主一生多阻，所謂貴人不頂重髮是也。

（四）身　身上宜有紅色的痣爲佳，站起來如兩臀不能掩住肛門，多是沿門托缽之人。所以臀部要肥大，不能削小。一根體毛沒有也好，只有少數幾根也不好。膚色宜白於面，黑則主賤。渾身的肉色，也要潤澤，乾枯瘦澀也不好。兩腿宜有毛，無毛則主子孫很少孝順，且多係奔走勞碌之人。

（五）足　足是一身重量之所託，其關係人的榮辱得失很大。腳後跟不能削而無肉，削而無肉則主奔走，足中指不能太長，太長也主勞碌。足指上必須生毛，足心必須有紋，且能成甚麼形才好，如能長痣則更佳。足背宜有肉，有肉才可享安逸之福。整個的足，也不能太長，太長則勞碌，也不能太短，太短則無成就。

這篇和談相一樣要綜合起來看，大概對相的道理，可以略知梗概，你的相如何，也可以對一對看是如何?用不著再花冤枉錢，跑去請教相面先生了。

（54.6.6.載於中央星期雜誌）

部位流年的相術

個人相如何且看精氣神
部位好與壞實無關宏旨

我手中沒有一部相書，但平時很多人找我看相，我也就信口開河，游談無根。最近一時興之所至，僅根據個人的記憶和經驗，曾在報上寫過幾篇關於相術的瑣談，卻不料引起許多內外行和識與不識的人，紛紛來函詢問，甚至有親自跑來向我「請教」的，並且有的寫信向我購買「相人術」，以資研究。更有問我爲甚麼不談部位的相術？我沒有「相人術」賣，只有談談部位相術。

現在且就記憶所及，把部位的相術，概略的寫在下面。

我認爲一個人的相，要緊的，還是精、氣、神，其他都是細微末節，尤其是部位長得如何，實在無關宏旨。只有走江湖的，用一個手指，在面部東指西指，藉以矇混鄉愚。譬如說：四十一歲走山根，山根斷了，是不是會流年不利？依我的看法，流年部位好比值星官，值星官雖差，但還有他的主管官來主持，以及其他各方面來幫助。何況山根雖然斷了，然兩眼距離，還比較遠些，更不會發生有甚麼了不起的影響。因此，我不嫌詞費，再來談談部位的相術，以就正於諸大君子之前。

一歲至七歲，走左耳運。八歲至十四歲，走右耳運。耳宜有邊，有輪，更要有垂，邊要包，輪要厚，垂要大，如能這樣，幼運才能舒適平安，且少疾病，才能好好的長大成人。至於耳朵上的相書名詞，甚麼「天輪」、「天城」、「天廊」等等，那說也說不了許多。到十五、十六走「天中」（在顎骨上）。十七、十八走「日角」，十九走「天庭」，二十、二十一走「輔角」。二十二走「司空」。二十三、二十四走「邊城」。二十五走「中正」，二十六走「邱陵」，二十七走「塚墓」，二十九、三十走「山林」。三十一至三十四走「眉毛」。相書叫作「繁霞」和「彩霞」，眉毛必須帶有光亮，才就叫做「帶彩」。帶彩的眉毛，多得上司的歡心，而有昇發的希望。到了三十五至四十歲走眼運。眼運分成「太陽」、「中陽」、「少陽」和「太陰」、「中陰」、「少陰」等部，兩眼必須黑白分明，暗藏著神，不能太露，露則主敗。四十一走「山根」，山根是在兩眼中間，最不宜斷；

但雖斷而寬，也無大礙。四十二走「精舍」。四十三走「光殿」就是靠近兩眼的地方。四十四走在鼻子上的「年上」部位。四十五走「壽上」，也在鼻子上面。四十六、四十七走兩顴，顴要有柄，才能掌印。四十八走「準頭」，四十九、五十兩年走「蘭台」和「廷尉」，也有相書上說四十八和四十九走「蘭台」和「廷尉」，到了五十，才走「準頭」，孰是孰非，這就要看相的人去酌定了。不過鼻子長得要端正高直，不能塌低，鼻子果真長的直到山根，俗語說是通天鼻子，那是最好。假如能再加上兩顴相稱，則中年必可大發，再加上兩眉清秀，兩眼炯炯有光，則可掌大權。

至五十一歲走「人中」，也有人叫作「人沖」，那是在鼻子以下，靠近上唇部位，這是人生一大關鍵，因爲從鼻子上陡然走到下面，弄得不好，會致事敗業散，所以一般人往往到四十九而亡，就是這個道理。五十二、五十三，走「人中」兩旁的「仙庫」。五十四走「食倉」，五十五走「祿倉」。五十六、五十七走「法令」，「法令」就是鼻子兩旁到嘴邊兩條紋。這紋不能太深，太深則主刻毒，不能太亂，太亂則主衣食常虧；不能入口，入口則有餓死之虞。五十八、五十九兩年走「虎耳」。「虎耳」就是靠近鼻準兩旁的腮部。六十走「嘴部」，也就是相書上叫作「承漿」，嘴部必須唇紅齒白，且唇不能太厚，最好能看不到紅的部分。六十一走「地閣」，六十二和六十三走「地庫」，六十四走「陂池」，六十五走「鵝鴨」，六十六和六十七走「金縷」，六十八和六十九走「歸來」。「歸來」就是兩腮部位。七十又走到「承漿」下面。七十一歲走「地閣」，七十二、七十三走「奴僕」，七十四、七十五走「腮」。這是大概的流年的部位。

相書上又把面部分成子、丑、寅、卯、辰、巳、午、未、申、酉、戌、亥十二部位。這十二部位，是由嘴部下面數起，由左向右，一直數到右腮下面，這雖是看部位，也可以看一年十二個月的氣色如何。七十六、七十七兩年走「子」，七十八、七十九走「丑」，八十、八十一走「寅」，八十二、八十三走「卯」，八十四、八十五走「辰」，八十六、八十七走「巳」，八十八、八十九走「午」，九十、九十一走「未」，九十二、九十三走「申」，九十四、九十五走「酉」，九十六、九十七走「戌」，九十八、九十九走「亥」，到了百歲，又從頭開始。至於氣色，總以黃明爲好，切忌浮紅，但走在額中的「午」位，則不忌。鼻尖發紅，也以六月不忌。這是我憑記憶中寫出來的，不知對不對。總之，髮際低而且濃，眉毛黃而且薄，主少年不利。如山根斷而狹，年壽起節，主中年不利，如人中平滿，無邊無岸，而且法令不明，再加嘴斜露齒，地角尖削，均主老來不利。

這不過是把部位說明而已，雖然部位在相上不佔甚麼，但初學的人不可不知，藉可供參考。至於把面部分成甚麼「四瀆」、「五岳」和「四學堂」、「八學堂」之類，那是前人的就部位劃分，我認爲這都並不是甚麼「秘訣」，也無關大局，所以我雖大概的知道；但平時很少運用來替人看相。本來，相是實體的，人人都可一望而知，根本上沒有甚麼秘密，更談不到甚麼哲理；而況時代是一天一天在進步，你能把時光倒流以千餘年以前的相法，來相今人嗎？

最後還要補充說一說人的面部固不能有「痣」、有「筋」，也不能有「紋」，假如滿臉縐紋必主終身不發，且面部也不能太長，面部太長，主畢生勞碌而一事無成。

（54.7.25.載於中央星期雜誌）

再談「相人術」的奧秘

看相，只能當作參考，不能把它視爲十分靈驗可靠。假如真正靈驗到絲毫無爽，那看相的人不真個是未卜先知的「神仙」了嗎？實在說起來，相是根據生理形態和心理變化而定的，凡人心中有甚麼要事，必會有倉惶不安或是游疑不定的各種神色表現在面部，這種情形，拉不到哲理上去。有許多看相的，居然掛出招牌說是甚麼哲理談相，我真不知他是根據甚麼哲理？

根據各種相書，綜合起來分析研究，除去普通相法外，發現其中有許多特點，這些特點，必須以特殊看法，才能判斷他一生得失榮枯。其特點有下列幾種：

（一）五大：所謂五大，就是眼大、顴大、鼻大、耳大、和口大，果真一個人能生得五大，必主大貴大發。但假如只有三大，或者四大，那就不足爲奇。假如只是鼻子大，相書叫做「孤峰獨聳」，必主老而無倚無靠，所以眼宜大而有神有光，耳宜大而有邊有輪，顴大宜而有柄，嘴大要方直而弧形向上，鼻大要直而有庫。最不能鼻樑起節，起節必主挫折；兩顴也不能太削，削則終生無權。所謂五大者，要長得相稱，千萬不能大而無當，反之，能長得五小，也主富貴，但最大前題，必須與全身配合適宜才好。

（二）五露：所謂五露者，是眉露骨、眼露神、鼻露孔、耳露筋、嘴露齒。果真五露俱全，亦主富貴。相書說：「三露四露，死於道路。」如只有三露或者四露，必主窮困奔波，一事無成。如只是眼露神，則行運到三十五歲至四十歲之間，往往會弄得家敗人亡。如只是鼻露孔，則主終生無財。如只是耳露筋，則主幼運和老運不佳。如只是口露齒，則主衣食常缺。眉也不能露骨，眉露骨，則主少年困滯。所以必須五露俱全，才能富貴壽考。如只有一露兩露，那叫做破相，反而不好。

（三）五短：平常相書上曾說人生得「五短身材」，五短身材之人，也主富貴。所謂五短者，就是四肢和頭都顯得短。果真俱備了五短，始為上相。要是兩腿長而兩臂短，也不相稱。要是兩腿和兩臂都短，而脖子長得又細又長，那主一生勞碌。

（四）三寒：一個人最怕「三寒」，所謂三寒，一是眉寒，就是常時把兩眉緊湊起來，好像思索重大事件一般。二是聲寒，就是說話好比骨鯁在喉，而且結結巴巴，不能爽快的說出。三是筋寒，就是雖在暖天，他仍是縮著頭，彎著背，並把兩肩聳得高高的坐在那裏。一個人如果三寒都犯，縱然面相再長得堂堂，也會終生不發。

（五）三停：第一是全身的三停，由頭部到脖子是上停，由脖子到臍下為中停，由臍下到兩足為下停，這三停要長得合配，女的大概上停密，下停長（就是兩腿長），多半淪為舞女之流；男的則主奔走勞碌。如果上停長而下停短，則多主富貴安逸。再頭部也分三停，自髮際至兩眉為上停，自兩目至鼻準為中停，自人中至地角為下停。上停短，主少運多滯；下停短，主老運偃蹇；中停長，則主事業有成。這三停，看的最要分明，才可判斷一生如何。

此外還有幾點要注意的：

（一）媚：媚，不是諂媚。無論男女，不管長的美與不美，最好要帶幾分嫵媚之氣，平常人是看人是否好看，其實長的好看，並不一定是好相。試看側身為販夫走卒的男人，或是淪為妓女和舞女的女人，很少難看的人，所以長的不怕醜，要醜中帶媚。

（二）濁：人的相貌，以淸秀為佳，如長的混濁，也主富貴。你看有幾個腰纏萬貫的人，是小巧玲瓏既淸且秀的身材？

（三）生與死：一個人的生與死，似乎都有一定，最奇怪的，據統計大都生在上半年，死在下半年。而且男的怕逢九，女怕逢六。例外是男的會早三年或遲三年而亡，女的會早二年或遲二年而亡。如劉備是六十三歲逝世的，那不是七九六十三，逢到七個九嗎？

諸葛亮是五十四逝世的，那不六九五十四，逢到六個九嗎？這種例子很多，至於生在上半年，而死在下半年，生在下半年，而死在上半年，那例子就更多了。

（四）平時與亂時：大體說，凡是生得天庭飽滿地角方圓，以及面正耳大唇紅齒白的人，在平時，此等人最主富貴。到了亂世，就不能如此看法了，凡是兩目浮動和尖嘴撮腮之人，則往往也能大起大發。這就是平時與亂世大大不同之處。

（五）忠：凡是忠的人，必鼻直口方，行路也勇往直前，目不斜視。反之，奸詐之徒，則往往俯首走路，左顧右盼，而且走起路來也左右傾斜，搖搖晃晃。這是忠奸之分，不可不注意端詳。

（六）狼顧：甚麼叫狼顧？就是與人對談的時候，兩眼不對面直視看人，而是用兩眼斜視左右。這種人，心地最爲險詐。無論男女，此等狼顧之人，敬而遠之爲好。假如與狼顧之人相交，會吃盡苦頭而不自知。

（七）小偷與竊盜：凡是尖頭銳面，兩手骨瘦如柴，而且兩腳長得太薄，小腿無肉的人，大半都操業小偷或竊盜，女的則多半以私娼爲生，或和人姘度過活。

（八）再有任何人相長的再好，一年中也有三個月比較壞運，相長的再壞，一年中也有三個月比較好運。相要全部參加起來看，不能只看部位，部位也不過是假定而已。平常人都會看相，但大半不能準確，要能近似準確，那就非各部都看不可。

相沒有甚麼秘訣，只要能根據各家相書的原理和原則，而去多加觀察就得了。要知相是一門統計學，甚麼樣走路主貴？甚麼樣走路主賤？怎樣說話聲音主貴？怎樣說話主賤？然後把主貴一類的集合起來，再把主賤一類的集合起來，就可得到一個大概。天下沒有一成不變的道理，這就要看相的人靈活運用了。

而且一個人有一個人的優點，一個人也有一個人的缺點，必須把所有優點和缺點，用加減乘除的方法，去把它大約平均起來看，就可得到個中緦味了。我個人研究相法大體如此，至於對與不對，還請各位賜教！

（54.6.5.載於聯合周刊）

相的特殊條件

根據相書上所說的各點，我已大略地寫出，那都是一般的相法。雖能「相對」的準確；但還須配合著其他特殊條件，才能比較更爲適合相理。這裏再談談所謂「特殊條件」是甚麼？

（一）地域不同：一個人因爲出生地域不同，其相也隨之大大不同。如南方人要生的天庭飽滿，北方人要生的地角方圓。生在山岳地帶的人，必髮際稍高，生在水濱的人，必嘴部稍尖。天庭飽滿之人，本主少年大發；但係南方之人，則不一定好在甚麼地方。地角方圓之人，本主老運亨通，但係北方之人，也不一定會好。髮際高的人，多早年喪父或喪母，或是早入社會謀生。但山岳地帶的人，則不在此限。嘴部尖的人，多係老而困頓；但水濱之人，則毫無關係。因此，看相必須看他是生在何處，再來參酌判斷，這不能一概而論的。所以生的地域不同，往往影響一個人的相，這是不能不注意的，還有北人南相，固然是好，南人北相也主發達。

（二）男女有別：過去以男子爲社會中心，相書上多係談男子的相法，很少談女子相法的。有的，則說女相有多種刑剋與淫亂，更說女子宜端莊，宜目不斜視，尤其不能在門前站立，搔首弄姿。其實男子也不應淫亂而應端正。因爲現在社會已進步了，男女平等，過去女的要油頭粉面，現在男的也是油頭粉面。男的因須出外做事，所以要看他的祿位如何，如今女的又何嘗不做職業，照樣也可升官，所以現在看相，似乎不能不在這方面多加研究。但女的帶有男相，則多主刑剋；男的帶有女相，則往往會少發達。就拿說話來談吧，男的要聲若洪鐘，女的則須低聲細語。如女的說話宏亮，雖主有發，可是一定主缺，她不是沒有兒子，就是時感窮困，或者主夫婦不和。

（三）肥瘦各異：「女人胖，不用相」，固然不錯，但胖要有臀，且腿也要相稱。否則，不是好相，並要破敗。如骨瘦如柴但還有精有神，也還不失爲好相。

面團團作富家翁，這是形容男子胖的好處。但胖也必定要全身相配才好，如胖而終日昏昏欲睡，兩目糊塗不清也主一生困頓。無論男女，雖肥瘦各異，然必須精氣神充足，方是上好的相。否則，都會終生潦倒窮愁。平常人說是肚大腰圓，所以肚大必須腰圓，腰圓則不一定肚大。至於瘦，也要瘦得合度。不能面比身瘦，且不能露骨。所以女人一定要稍微胖一些，渾身有肉，才顯得圓潤而有福澤。

（四）壽元長短：凡是地角長而且大，眉毛長而向下，此相多主壽。若是兩目無神，再走路時腳根不著地者，多主短壽；但女人則長眉者少，這是生理上的關係。但女人也必須有眉，若是把牠剃去，另描眉的樣式，那就有眉無毛了，甚至千奇百怪的化裝，看相就無從看。現代婦女，都把面部全部化粧，實在不大好看，只有在她的聲音和走路的姿態來判斷了。

（五）中外反看：看相，中外同一個道理。不過，外國人不是看相，而是「量」相。他們是用皮尺在你的頭部量來量去，譬如髮際高低，應該多少尺寸才合適，兩眉相距多遠才好，兩手的指節應該有多長，手掌應該有多長，有多寬，如此，根據各種量過以後，就可判斷一個人的得失榮辱。但我們看國人的相如何看法？這是值得研究的，如美國是在我們地球那一面，且各地氣候大致也與中國相同，因此，看美國人的相，以反看爲宜。原應看左邊的，看右邊，原應看右邊的，看左邊，大致不會相差多少。至於其他各國人民，也可由此推算。另外再注意到他們是生在山岳地帶或是平原地帶，果真能看的精確，也就知他們生的相是如何了。

總之，一個人的相，是各色各樣都有，所謂人心不同有如其面；而面之不同，更如其心。世上沒有相同其心的人，更沒有相同其面的人，因此，每一個人都有每一個人的成敗和起伏，所以看相必定要「觀人於微」然後才可大概判斷一個人的終身。譬如：吃飯一定要坐正，不能趴在飯桌上低頭吃飯，喝湯更不能唏哩呼啦有聲音，坐也要筆直的坐在那裏，不能斜坐而似昏昏欲睡。走路也應抬頭挺胸直往前進，不能歪歪扭扭的好像十分倦怠的樣子。再面無善痣，尤其眼下兒女宮的地方，不能生痣假如生痣，那叫作等淚痣，最主刑剋；但眉毛生痣，主聰明，耳上生痣，也不太惡。黑痣不如紅痣身上生紅痣尤佳。至於人的陰毛，不論男女，如生的太長，必主好淫，而且也主貴。如生的只有稀稀朗朗十根八根，那必主賤。假如一根沒有，倒也很好，這不是別人可以相的，只有自己去看了。

還有人的兩眼，白多於黑，再加下唇下面，好像長的分而爲二，此人必多主水厄，平時最好少游水，游水則必遭不幸。兩耳固須有輪有邊，且愈大愈好，他不僅主幼年好運，且主老年也好。誇大一點說，兩耳也主一生禍福榮辱。還有兩手必須比身白，身則必須比面白如此才主貴。如反過來，面比身白，身比手白，則多是下賤之人。

再面部不能太胖，也不能太瘦。假如真是面如滿月，像吹足尿泡急鼓鼓的樣子也不好，不過此類人大都滑而不奸，如長的兩眼圓而且小嘴部撮尖，面色帶著慘白，此人定是陰險狡詐之徒，苟長的鼻直口方此人定是忠實果敢之輩，所以自古名將必須於此中求之。清代的曾國藩，因爲以文人帶兵，積其用人經驗，而有「風鑑」之作；但面部不論肥瘦，如兩腮無肉，則多是難惹之輩。因此，看相必須週身都端詳過，而後才能綜合起來下一個大概的判斷。

近來因爲我發表幾篇相的道理以後，承各方識與不識，或親自前來晤面探討，或間接來信詢問要看那一類相書，其實相書是死的，我們一定要作活的研究。活的研究，才能適合現代人生，我再強調說一句，相只能作爲參考，不能太認乎其真。天下沒有絕對的道理。末了，我再告訴大家一句話，相是根據生理形態和心理變化而來的，你就不看相書，也會大體看出一個人是甚麼相。並不是我大言不慚，請你看看我所談的一切，如能細細揣摩，就可出而問世了。

（54.9.19.載於中央星期雜誌）

手相與女相

最近因爲一時興之所至在報上發表幾篇關於相的談話，致引起各方紛紛來函問訊，或者親自前來面談，並且說我所談的實看「面」「手」「頭」「身」「足」五種多語焉不詳，尤其對於手部，可否再請進一步說明？並且再請談談關於女子的相，到底是如何看法？因此我再談手相和女相。人的「面」和「手」，都是暴露在外面，所以普通大都是相面，也有奉送手相而不要錢的。更有專門以看手相爲業的，足見手相的重要了。我對手相，曾略有研究，現在我手中沒有一本相書做參考，只憑記憶和經驗來說一個大概，至於有無差誤，尚請內行有以教之。

人的兩手宜軟如綿，能柔若無骨才好，並且宜紅若豔火，就是俗稱硃砂；但是白如玉而且潤澤，也主富貴。手背宜不露筋，並須有肉，如人大手小者則主貧，人小手大者主貴，故有「手大好托天」之俗語。反之，如兩手乾枯如柴，顏色青而且烏，則主勞碌窮困，手有指掌之分。在相書上說，指爲龍，掌爲虎，必須龍虎相配，故指宜纖長，才能聰俊而貴，如禿而短，則主愚賤而勞，指宜柔密，不能硬疏，柔密主財祿，硬疏主勞碌，且主錢財不聚。

大指不能歪斜，小指不能瘦小，如生六指，則大半不能榮顯發達。二指要圓滿端正，太短則主剋妻畏妻。且指有賓主，二指爲主，四指（就是無名指）爲賓，也有稱爲奴的，賓主必須相稱。如四指較長，則爲奴欺主，如奴欺主，則用人應注意，所以二指宜長，長可掌權。

中指宜明淨而直，宜與掌同者爲好，四指（無名指）主四十歲後之禍福，要下不漏縫，則晚年可有財祿。如小指能長最好，與食指齊，一生衣食無缺；與中指齊者主富，與四指（無名指）齊者也好，倘若太短而彎禿，則往往會無子息。

除指以外，就是掌了。凡掌軟者，不但安逸，而且相書上說「掌軟如綿，文武雙全」。所以掌宜軟而力，長而厚，才可富貴。如硬而且圓主勞而愚，如短而且薄，則主貧而賤。色須潤澤乃發，能紅如噀血者尤佳，如終年乾枯昏暗或發青者，皆屬賤相。掌宜有肉，肉多則主福祿，肉厚亦主富有。如掌背能不露筋定主自創基業；露筋則主辛勞。總之掌大而圓，掌寬而粗，均犯勞碌，掌長而厚，掌軟而滑，比較上都是富貴之人。

掌分「乾」、「坎」、「艮」、「震」、「巽」、「離」、「坤」、「兌」八卦部位來看：「乾」部要肥而且高，主祖上有陰德，或有錢財，並主家宅平安和諧，如現青色，則自身定有不利，或家宅不安。「坎」部則關係甚微，但宜有紋如絲，可以白手成家。「艮」部有紋主有祖蔭。「震」部宜紅主富有。「巽」部宜豐隆，可有財；且主發達較早，如紋多，則主妻妾多而游蕩。「離」部亦宜豐隆可望事業興旺，如或缺陷，則非佳相。「坤」部亦宜豐隆。「兌」部最宜明亮，倘發青發烏，則主疾病纏身。這裏所謂八卦部位，不過是假定的說法，並沒有甚麼哲理在裏面（外國相略）。

至於女相首要穩重，端莊才主貴，且必須鬢髮烏潤，唇紅齒白，手指纖長，更要眉清目秀，如人沖深而且直，掌上有紋而深，則主多子，反之，唇白而青，人沖平滿，兩目深陷，頭髮粗黃而短，則不會生兒育女，再髮際太高，或少年脫髮，且眉粗眼赤，再加山根斷折，耳反無輪，或顴骨粗橫而高，嘴如吹火，面白如粉，等等，皆主剋夫，最怕女人男聲更壞。

在相書上對於女相主富貴的固多；但對於淫賤的女相也不少。社會再進步，女子好淫，總不是一件好事。現在再把女子淫賤之相說一說，凡是獐頭鼠目，面多斑點，而皮白如粉的，都主淫賤，再如兩眼斜視，眼中有痣，鼻仰朝天，或是嘴唇自動，胸高臀蹺，體毛多或無，他如腿上生毛，總主淫賤。至於女人是否產中有厄，以至於產男產女，相書上雖有規定，我想那不過一個大概說說罷了。

在目前時代裏，女人也一樣和男子服務社會，可算是一律平等，在相的方面應該同樣要看是否有祿（做官）有財，也就是要看是否有事業前途，絕不能再死啃相書。至於淫賤之相，並不是女子所獨有，男子何嘗又沒有淫賤之相？要知有淫而且賤也有淫而且貴。歷史上的武則天不是淫而且貴嗎？

我上面把手相和女相，大約的說一說，對與不對，還請方家指正，以後再有來函相詢，或是前來面談，恕我不是以此爲業，不再作答。

（54.10.10.載於中央星期雜誌）

論相不掛牌

看得準，惹人嫌

最近我利用每晨早起時間，寫了幾篇不像樣的論相的說話，在報上發表，致引起各方同好之注意，紛紛來函或親訪面請我正式掛牌，藉可指示多數人的迷津，我很感謝。「相」雖是在本位上不能不說是博大精深；但為末路文人據為糊口工具，以致一般人都認為相是雕蟲小技，不合大人，所以我也就不敢貿然「下海」，這好比唱平劇的以票友的身份粉墨登場，觀眾大都喝彩的多，等到正式下海了，聽的人反而吹毛求疵。我對於批評我的相術好和壞，我倒並不在乎，真是下海了，我實在有許多顧慮。

「鐵關刀」有幾不相，大概是酒醉之人不相，馬上要凶死的人不相等等。因爲看相就要近乎準確，不能胡說八道，敷衍了事。必定直言判斷，句句打入來人心坎，才能引人入勝，要真正做到毫無隱瞞之處，那也就不是看相人的本份了。

第一、不能直言奸邪竊盜：如獐頭鼠目，尖嘴撮腮，兩手如同鷹爪，兩腿瘦不盈握，走路輕佻不穩，這種人一望而知，其非小偷和竊盜之流而何？但是你能當面直說嗎？假如你直說，生意不成，還算小事，恐怕他要揮以老拳，或是破口大罵。假如攪到這個地步還是拉他到派出所去評理？還是忍而受之？再如長著一臉雀斑的女人，加之頭髮枯黃，兩眼浮動，臂和腿生有長長的黑毛，且走起路來東張西望，搔首弄姿，說話更嗲聲嗲氣，身體則上身短而下身長，頭動而臀搖像這種女人，你能直說她會偷情嗎？遇到這種人，你只能旁敲側擊，以教育家的精神來啓示以勉勵之。俗語說：「打人不打臉，罵人不揭短」，就是這個道理，所以看相要能準確很難，只有看相人肚子裏有數，千萬不能明言直道。

第二、能直言前途渺茫。有的人兩眼無神，鼻樑塌陷，牙齒突露在唇外，且山根已斷，兩顴如刀削一般，兩耳也很小而張，且無輪無垂，坐不安席，行走搖擺，言說則音微而無聲，再加上滿面黑痣，髮際低壓，更毫無精神可言。像這種人，他將一生偃蹇阻滯，永無翻身得意之時，你能直說他毫無辦法嗎？普通人總有上進心的，假如面告他前途希望渺茫，當面他也許不好說甚麼；但一出門就會開口大罵你不靈。這樣情形，到底是哪個不靈呢？

第三、不能直言要遭凶死：一個人長得滿臉橫肉，兩眼圓圓大大而無神，好像豬眼一樣，加之眼睛中紅絲滿佈，不但山根已斷，而且印堂發烏，兩腮無肉，鼻準低而發紅，人中也發暗，他所走的部位也很壞，至於聲音，則似破鑼一樣，低而瘖啞（不是啞巴，表示無音而已）這樣人一看而知，必遭橫患，並且要受到槍斃和刀殺等刑。你能明白的告訴他嗎？在這時，你果真要表現你相法高明，居然敢直說出來，你想他不會掀翻你相面的檯子，摘下你相面招牌，再氣呼呼的大罵的一通嗎？所以看相的只有好話多說，壞話少說，人家盡管說你不靈，也只有隨他說了。平常人都說看相是「江湖」，這不是「江湖」是甚麼？

第四、不能直言窮愁潦倒：在看相的對於來人，當然先看三停是否得配，再看他是不是有「精」、「氣」、「神。」假如下停太長，渾身癱軟，再加上兩眼無光，兩顴瘦削，鼻樑低而且寬，人中短而無岸，地角短而向下，嘴部或大似血盆，或小似櫻桃，面部慘白，而身部和手部都黑如鍋漆。他身上雖然衣冠楚楚，但看起來，總覺不大合適，這樣人一望而知其將困頓終生，絕無發達之日。但看相的人，還須細細談論相理，絕不能一語道破，你只能找較好的部位和他指出。譬如：眉毛長了，說他將來長壽；魚尾紋破了，你說他定有三妻四妾。諸如此類不痛不癢的話，來一個滔滔不絕，要說得他認爲滿意的時候，他自會起身告辭，說不定還要口說謝謝呢！像這樣子敷衍塞責，我自信沒有道地的修養，自然也就做不到。

第五、不能直言孤獨一生：有的人長的大致尚好，就是額部紋多，鼻樑高聳無顴，而鼻孔朝天，人中則無邊無岸，嘴似吹火，且淚堂平坦無肉，說話則詞不達意，站起來則腰直不彎，而魚尾紋毫無蹟象可尋，但別的部位也許有好的地方，說不定會大富大貴。唯一的缺點，就是主無兒無女，孤獨一生；雖是現代社會進步，大家觀念改變，不一定要有兒子傳宗接代，但究竟是人生一大憾事。他嘴說沒有兒子沒有甚麼關係，而心裏何嘗不時時引以爲憂呢？對這種來人，只能略此不談，他要問你，你也只能支吾其詞，要知天下沒有十全十美的相，儘管家財鉅萬，或是身居高官厚祿，不過膝下猶虛，晚境寂寞，只有抱養一個男或女，以解淒涼之苦。看相的人也只有撇此不說，盡量鼓其如簧之舌，渲染其他特點，使其能得到精神上安慰，千萬不能直說他會終身孤獨，那是多麼殺風景的事啊！

第六、不能直言毫無人緣：在目前這個進步的社會裏，要想事業有開展，人緣最要緊，所謂人緣就是「公共關係」，你公共關係攪不好，又不能獨處索居，那是最無辦法的。譬如一個人人中已斷，而眼白多於黑，面孔生得毫無媚氣，而且一臉討人嫌的樣子，嘴部好像兩唇不合適，乍看起來，似乎對人有瞧不起的意味，而且額骨兩旁低陷，這種人心地再善良，待人又忠厚，就是不會得到人緣。看相的人只能舉其優點部份，告訴他一切事，能做到心安理得即可，苟直言其毫無人緣，在人的心裏上，總覺得不大舒服，最好還是談談無關痛癢的事爲佳。

以上是我對看相有六不直言之信條。但是一般看相的人有時故意顯這麼一手，他不管來人能受得了和受不了，他還加油添醋的說上一大套，我們要知道這時來人是如何的難過而懊喪！所以我承各方識與不識勸我掛牌看相，我不能不有一番顧慮，況目前還在公家服務，也不容許我「業餘看相」以增收入。或者有一天告老退休到衣食發生問題的時候，也許可以投身「下海」瞎混。

（54.11.21.載於中央星期雜誌.知識趣味版）

看相，目的為何？

希望預知

妻財子祿榮枯得失

不管是算命、測字、卜卦，以及看相等等，其目的都是想能預知未來的前途一切如何，也就是都要曉得「未知數」。這個「未知數」，絕不是渺茫無憑的算命、測字、卜卦所能測知，最能使人信服的，我以爲還是看相。

「人心不同，各如其面」。這說明「面」是各人有各人的面，天下只有相像的面，但沒有相同的面，也就沒有相同的「相」了。因爲「相」是實體的，根據「相」來看一個人將來各方面怎樣，那是雖非絕對正確；但也有近乎可靠的程度。

無論社會進步到甚麼樣子，然每人都還要曉得自己的妻、財、子、祿以及事業上的榮、枯、得、失。所以看相這門行業，迄今仍流行不墜，就是這個道理。閒言少敘，現在且把每一個人最要知道的幾項要點，寫在下面：

（一）妻：妻是終身伴侶，沒有人不想娶個理想的妻子。因此看相的把「妻」排在第一位。相書上，看妻的部位是在妻妾宮，也就是兩眼的魚尾紋的部份，這妻妾宮一定要飽滿而舒平，不能散亂。散亂則也有死亡或者離婚之痛。再有在手掌的「巽」位上也可明白的看出，一條線紋，主一個老婆，兩條線紋，則主有兩個老婆，線紋太多，則主三妻四妾。線紋太亂，則主情婦太多，或者主嫖娼宿妓，一生無家室之樂。女人「巽」位紋多和魚尾紋散亂，則主一嫁再嫁。很少從一而終，相書上還說妻是財，就是妻，在走財運的時候，定可娶得賢慧之妻。女人手掌上「巽」位線紋多或魚尾紋散亂縱在面上是一個丈夫然而暗地裏常時和另外男人「私約黃昏」。

（二）財：相書上說鼻是財帛宮，因此看正財，要看鼻子，鼻要有庫。所謂庫者，就是鼻孔不能太大而露，且得有肉而厚，鼻樑也要高直。如鼻露孔，則主不能聚財。如看氣色，則應黃而明，可臨時有財，倘發烏發暗，定主破財。偏財之有無，則看手長上「巽」位，「巽」位宜稍稍突起，宜發紅發亮。全掌不能有雜色，才主有偏財進門。如有紫筋出現，主破偏財，或是被小偷，或是遺失，或是暗中消耗，這是百驗不爽。還有，「火燒中堂」，就是兩腮和鼻準都發赤，定主大大破財，所以有「火燒中堂，家敗人亡」之語。這氣色都是從裏面發出來的，實非人功所能挽救。

（三）子：男女平等，有兒有女，都是一樣的。但一般人還是都希望能有個兒子好，因爲兒子可以傳宗接代，不像女兒遲早要出嫁的。看兒子之有無，要在兒女宮上看，就是在靠眼的下部，也就是淚堂。兒女宮宜飽滿，不能平坦，或者塌陷。再有人中宜稍寬而直，且應有邊有岸。如此定可有麟兒降來。如兒女宮能保滿而明，人中也紅潤而亮，則主生大富大貴之兒女。否則，淚堂平坦，人中平滿，則主無兒無女，或只生女，不生男。世人不明其道理，鄉愚則燒香拜菩薩以求子，比較有知識的，則吃藥打針以期補救，孰知生理上已生來如此，這是無法可以求得的。因此社會上自己沒有兒子的人，往往領養別人之子，以娛晚景，這未始不是聊勝於無的辦法。至於臺灣盛行養女風俗，那就更當別論了。

（四）祿：祿是衣食。過去談祿是專指官祿是看將來能做到甚麼品階；現在看能否有事業發展。這是不可不注意的。看祿要看眉眼，是不是眉清目秀。眉毛宜疏、宜揚、宜有光彩。目要有神、有威、且要黑白分明。兩耳宜有輪有垂，鼻要直而略高，兩顴亦宜略高，嘴要唇紅齒白。果能如此，定主富貴。眉眼固主功名，鼻頭則主事業，如能眉眼都好，定可一生蒸蒸日上。否則，眉散或濃，目滯而呆，再加鼻塌而扁，則主衣食缺乏。此不過就面部而言，其他方面，關係很多，最好參合起來，全盤細看，才能下一個判斷。看相的人，不可拘泥著局部的好壞，而妄下批評。

以上是相一個人妻、財、子、祿的大概，至於怎樣看榮枯得失，這是每個人所欲知的，也是看相的人，需要仔細端詳的，現在且把個人經驗寫在下面：

（一）榮：所謂「榮」，就是人生得意的時候。每人運氣再好，一年中也有三個月比較不好；運氣再壞，一年中也有三個月比較好的。這是大體的說法。一個人臨時的「榮」，要看他天庭是否光潔，兩顴和鼻準是否明亮，兩掌是否透紅或透黃，兩耳也要潔白，倘能如此，定主「升官發財」。總之，全個面部必須能像才洗過的一樣乾淨始好。有人一生從來沒有蹩腳的時候，那就他必定長得五官端正敦品，三停得配相宜，且四肢也長得長短相稱。苟能如此，則可終身享受榮華富貴。

（二）枯：凡人在「枯」的時候，大半滿臉發烏，尤其印堂不明，鼻準紅暗，兩顴臨時生斑，兩耳焦黑，兩掌無光，這樣人，定主破敗，一事無成，但氣色能轉變過來，則運氣可轉好，要知道氣色一天可以幾變，也有數個月或是一年不變的，這要看的人常時注意其變化，因為氣色之好壞，絕不是一成不變的，假如一個人原來長的就不好，如兩眉粗散而濃，鼻孔仰而露，鼻樑塌而扁，兩顴壁削，兩腮無肉，天庭仄而法際太低，說話則有聲而無音，兩掌瘦而無紋，兩耳尖小而張風，如此之人，則終身過著窮苦的生活，而無舒適安逸之日。倘再加上兩腳大而扁平，臀部不能夾住肛門，牙齒只有二十四個，則必衣食常缺，終有餓死之虞。世界上富如美國，也有日不聊生之人，就是這個道理。

（三）得：所謂「得」，就是你所圖謀的事或財，是否可以到手。這是人人所欲知的。關於此，應先看部位如何，再看月令的氣色如何。所謂月令的氣色，是由嘴部下面由左向右數分成十二個月，那一個月令部位明而有光則好，如所走的部位好，再加上月令部位也好，則必可「得」。另外再看驛馬部位如何？兩掌氣色如何？各方面參合起來看，自可判斷一個大概，如只憑某一部份，是不能斷定的，這個「得」的相法，看似容易，其實很難，因爲偶一輕心大意，則差之毫厘，謬以千里。所以看相的人，一定要細細觀察，才不致有較大的錯誤。

（四）失：爲官的人怕丟官，做生意的人怕破財，這是人之恆情，但從何看起？是每一個人所關心的，尤其年輕人談戀愛，總希望戀愛成功，而能結成美滿的夫婦。所以「失」更須細心觀察，這要先看滿面的氣色如何？無論哪一等，假如氣色灰暗，再加流年部位不佳，則定有丟官和失財之憂。談戀愛的，在手掌上的巽位，千萬不能發青發紫，如有此表現，則婚姻定不能成。做官的，最怕印堂發暗，做生意的，最怕鼻準發暗。這是要點，不可不知。然後再看其他部份怎樣？是不是有救？倘其他部份還都特別的好，那就不會有甚麼不好的事發生；否則，就難免丟官或失財了。還有，有的看相說你暗中有貴人扶持或者暗中有小人爲害。這裏所謂貴人，是指幫助你的人，並非指王公大臣，所謂小人，並非指販夫走卒，凡是反對你的人，都是小人；凡是有助你的人，都是貴人，這一點，也不可不知。

以上對妻財子祿、和榮枯得失的相法，大體上是如此；但看相的人還要變化應用，多方引證，不能死背相書，才能得到較爲可靠論斷。

（54.12.12.載於中央星期雜誌）

新春談相

富貴夭貧窮通

同為圓顱方踵，然每一個人之遭遇，只有相似，但絕不相同。因之自古就有人研究其中道理。這個道理，是根據各人的相，對於各部份加以分析，然後綜合起來判斷，而可得到一個大概的結果。相是全部的，我們不能以一概全，要看一個人的終身如何？是富？是貴？是壽？是夭？還是貧、賤、窮、通？都在相上表現無遺。一定要相過全部才能得到結論。

前人所著的相書，以及後人和今所闡述的相法，真是浩如淵海，致初學者，如墮五里霧中，無可著手，苟列入大學課程，經過一番爬舒整理，未始不是值得鑽研的一門學問。

世人都想知道自己一生的大運，也就是要曉得自己的富、貴、壽、夭、貧、賤、窮、通的情形怎樣？現在且就個人研究與經驗所得約略的簡述如下：

（一）富：先從頭部說起。因頭爲一身之尊，必須要圓，頭圓才能主富，如頭先過步，則雖富不久。故頭宜方，宜圓，額亦宜寬宜方，面黑身白者主富，眉長主壽，但須清秀，眼爲財星，未有富人而凹凸者，因目爲一身之根本不可不辨。目宜秀長、光潤、黑白分明，且須神藏兩全，方能久富。鼻爲財之根，未有準頭圓肥而無財的，所以鼻要高隆主大富，圓滿主多財。口司一生衣祿，如唇薄口蹙，官雖高，祿亦少，故口宜方而厚，唇厚則富，齒宜大而密，舌宜厚而長。耳厚而貼肉主富。髮宜細疏黑潤，腰宜肥圓。腹要圓長，上小下大則主大富，人小手大主富，掌宜軟方爲富，陰騭紋不獨逢凶化吉，並可驟富。並於女之富相，則須耳貼肉，目美，人中長，手掌背厚，腰圓背厚，嬰孩如一連四五聲不換氣，則主大富。以上不過大體論人的富相而已，是否可靠，尙待看相的人細細研究。

（二）：主貴的人亦須頭圓，相書說：朝庭無尖頭之官，意即指此。天庭，天中，司空，中正皆在於額。天中是貴的主宰。此等部位，如能骨起光潤，定主大貴。故額宜寬、宜方，如面如滿月，而氣色深秀者，亦主大貴。三十一至三十四歲行眉運，眉須清秀，則主大貴。倘能眉中帶彩，不徒身貴，並得子榮。再能配以好的兩眼和硃砂之唇則王侯將相定能得到。印堂亦以寬平爲貴。二十八歲走印堂運，印堂在山根之上，萬不能破，破則無官。三十五至四十歲行眼運，眼宜有精有神，方可能主貴。所以必須光蘊於內，才能主貴。目應細而且長則貴。神愈全，則貴愈大。女人如能有媚有威，則主大貴。四十六七走顴運；但須有肉包，始可久掌大權。女人以隱隱平平爲貴。四十一至五十歲行鼻運，不能塌扁，必須準頭圓滿，蘭庭直隆方配，高隆則主大貴。口能大而容拳，則可得高祿。齒須有三十以上，且白淨主貴。舌能如硃紅大貴。耳能齊日角大貴。髮際以適中爲貴，髮宜細疏黑潤。龜頭要縮則貴。手宜長爲貴。掌以長厚爲貴。痣生面部都不佳，但在印堂正中或在眉則主貴。至於聲音以發於下丹田且如鐘鳴的主貴。此外如能神清氣爽亦主貴。至於女人，則要端莊。

（三）壽：男子頭圓，必可得壽。如少年垂頭，則享壽不長。面皮虛薄的人也無壽。眼無神光，多會壽命夭折。眉宜有長而下垂者主壽，鼻宜有梁有骨主壽。所以鼻宜隆高才主壽，人中亦以長主壽。口以方，才主福壽。齒能方長闊大，排齊堅固，才主長壽。兩耳垂肩之人，豈止大貴，且主高壽。髮當老時還能烏黑，雖主壽長，但剋子孫。耳有毛，主壽高。腰宜直而且長主壽。紋在額上成川字者主壽。紋在口上長者主壽；但不能長而包口。其深者亦主壽。蓋壽相多面皮寬厚，胸闊亦主壽。臍深亦主壽，如能神定、神全、神足，皆主壽。聲若洪鐘亦主壽。

（四）夭：頭不宜小，小則主夭。兩目泛泛無神且圓而大者多夭亡。面如光油的多主夭。臉上不能生斑，有斑則不淫亦夭。女人面如傅粉，淫而夭。鼻如露梁，主夭而客死。嘴唇白的大多主夭。牙齒露尖，且壯年落齒的亦主夭。耳薄而招風者主夭。總之，頭小、眉低、目凸、鼻曲、人中平滿、耳小、面皮虛薄、語多斷續而好似笑的一般等，都是主夭。

（五）貧：婦人頭尖且有不好聞的氣味多主貧。男子頭尖小亦主貧，眉短主貧，睡眼主貧，鼻短而促主貧，口薄亦多貧，唇掀而墜下且黑的多孤貧。齒無二十八且尖而疏的貧，舌與耳薄者多貧。男子無肩則貧，臍凸而淺的貧，人大手小者貧，骨肉不可粗，粗則主貧。又凡有聲無音者主貧。如嬰孩精神不足主貧。

（六）賤：平常人多把貧賤連在一起，其實貧，不一定賤。如亞聖顏回，詩人杜甫是。有的雖貴而淫賤，如武曌則天是。相書上指出主賤的地方也不少。如頭尖小主賤，額低塌而陷主賤，目如短小及神昏如睡則賤，如山根折塌而鼻似葫蘆者多主賤，口形薄與唇形薄而黑者主賤，舌尖者主賤而毒。耳黑的主賤，女人臀大或太小主賤，無體毛，亦主淫賤。倘人生的粗黑再生痣則賤，如遇事癡笑且好刺人之短的多主賤，嬰孩如聲不清或精神不足者多主賤。

（七）窮：頭宜方宜圓，如尖而小者多主窮，倉骨陷者則窮。面如塵枯多窮，面如生瘤主窮。眉如短而黃薄主窮。鼻如短促多窮。唇青者到老多窮，耳似有灰塵者主窮，髮粗者主窮。其他主窮的地方還有，不必列舉。

（八）通：這裏所謂通，就是人的一生，過的大半都非常如意而舒暢，最要三停得配，且精氣神都很充足。再加以品貌端正舉止得當則無不「通」之理。故額宜寬宜方，眉宜清，且宜有彩，目宜秀，更要黑白分明，山根宜平滿，鼻要隆高，並須黃紅。口宜方而厚，能有稜弓更佳。唇宜紅，齒宜白，舌亦貴紅。耳宜高而垂，髮宜黑而潤。身上有毛宜軟長。胸要長厚平闊，乳宜大而肥，腹要皮厚，勢宜垂。掌宜肉厚，不露筋骨。如能地閣方圓，天庭飽滿則好，如能行坐端正，語音清亮更好。再人的吉凶，如氣滯色暗，相雖好亦窮，如氣清色明，相不好亦通。此其大概也。

總之，要論斷一個人的終身，並非易事，更非三言兩語所能了，必須就其部位以及精氣神各方面細細觀察，始能瞭解，更不能死板板的照著相書所說的而加以判斷，必須按著相的原理原則而靈活運用，且應參照時代的各方面道理，方可作大致而比較正確的論斷。以看相為生的同道們，對於一位來人，往往指手劃腳，口沫橫飛不知所云的說了一大套，來人也就莫名其妙的唯唯聽著。其實相如不相一般，倒不如自己對著鏡子仔細觀看，還能找出一二是處。我自揣譾漏，不學無術，居然敢大膽的把人生的富、貴、壽、夭、貧、賤、窮、通，各點寫出，是否有當？還請同好諸君子，有以指正。

（55.2.6.載於中央星期雜誌）

相

人生旅程　行為表現
生老病死　忠奸貞淫

每個人的體態，無論面部、身段，以及行走坐臥，起居飲食，說話聲音等等，都是能看得見，聽得到，摸得著的，如能把各部分都分別相的比較正確，而後再相加相減，就可以大概判斷人生的旅程和行爲表現。

現在先談談人生的旅程：

（一）生：當嬰孩呱呱墮地的時候，已可相其一生富貴壽夭，如聲音揚大而一連四五聲不換氣者，主有錢大發。如能愛惜衣物，愛清潔者亦佳，且髮要軟秀，眉宜清，目應有神，鼻樑要正直，唇要鮮紅，則主好養，將來長大成人以後，自可創立事業，立足社會。倘頭大項細，睛如黑豆，面大無鼻樑，加之聲音先大後小，則難免夭亡，這是人生旅程的開始，不可不知。

（二）：人由幼而壯，由壯而老，以至最後逝世，這是「自然律」，無法避免的。秦皇漢武雖求長生不老之藥；但我們現在還能見其人否？相書說：老要面色潤澤，且面和手要有壽斑點點，眉要長而下垂，目神宜藏而不露，手掌不能枯燥，聲音要平和，不能太急，最怕老有哭聲。或面皮嫩白，則主刑剋，再人到七十以上，不能以部位等等去看的，要緊的，就是氣色，此處最須留意。

（三）病：人沒有一生不生病的，醫藥再進步也只能醫治可以治的病，不能治「病入膏肓」的病。如目前癌症，就沒有特效藥可治。在相上，如印堂發烏發暗，固然對於事業不利；但也是病的象徵，如年上壽上發紅主病在肺胃。如滿面黃暗主病在肝膽。所謂「礎潤而雨」者是也，再加兩耳塵垢，人中發黑，面部無光，則必纏綿床笫，呻吟終日，所以「英雄最怕病來磨」。

（四）死：人生最後旅程的終點就是死。有誰人能逃過這一關呢？不過有的幼而夭，壯而亡，老而死的分別罷了。人在要死的時候，多半是面光散亂，瞳孔無神，印堂與人中均黑暗，有此現象必死無疑。再幼而死的，多半是聲絕復揚，眼如含淚。壯而死的，多半是無精，無神，兩眼生黑圈，走路歪斜，聲音細弱。老而死的，多半是神敗力衰，面色枯槁，這就是所謂「神聚則昌，神衰則病，神散則亡」的道理。一個人最要有神，如無神，則必死亡。

以上是人生旅程大概相法不過略舉例證罷了，還須綜合相的各方面長的如何，始能下個判斷。不能只知其一，不知其二，遽作結論，以免有錯。

所有人生的行爲表現，都是根據相而來的。現在再把人的忠、奸、貞、淫各點，約略的寫在下面：

（一）忠：過去臣事君要忠，現在老早沒有君的存在，一般人總以爲不必再談忠了。其實忠是忠實，是忠誠可靠，歷史上的文天祥。史可法，才是名垂萬世的人物。所以必須忠於國家，忠於事業，以及忠於社會，忠於朋友，同樣也是可敬可佩的。在相書上說：一個忠心赤膽的人，要鼻直口方，方面大耳，走路筆直，絕不歪斜扭揑。且兩目有神，正視前方，也不左顧右盼，昂頭挺胸，步履須分淸而有力，所謂「龍行虎步」者是。再能聲音宏亮，說話乾淨利落，咬字淸晰，敘事有條不紊，能具備這些條件的人，大半都是忠而不僞，尤其是扞衛國家的軍人，更應要忠。

如此在打起仗來，當危險艱難之際，才能奮不顧身，以爭取最後勝利。

（二）奸：這是最要不得的。一個人兩眼細小時常斜視在和人說話的時候目光向下或向左右亂看。而不對人正視這種人叫「狼顧」最爲奸險。另外則兩耳如鼠嘴撮齒疏，兩腮無肉，行路不走直線，而左右彎曲，言語吞吞吐吐。如腦後有反骨，更是大奸之徒。所謂腦後有反骨者，並不是腦上真有甚麼反骨，而是兩腮擴張，大而且扁在腦後也可看出。諸葛亮說魏延腦後有反骨，大概指此。我們假如遇到這一類相的人，最好「敬鬼神而遠之」爲妙，因此相不僅是看看作爲參考，而處事應世亦大有幫助。社會上犯有奸的相，實在不少，我們要隨時當心。

（三）貞：時代進步了，我們不但要求婦女貞，就是男子也要貞，你不能自己在外面花天酒地，眠花宿柳，而要你妻子坐守空房。究竟貞從何處看起？在女的一定要額圓髮潤兩目黑白分明且要嬌而有威手似乾薑；就是笑，也不能縱聲狂笑，笑時並須不露齒。如此才是貞女之相。男的也宜步行方正，兩目宜乾，言語穩重，看見漂亮美女，不必脅肩諂笑，舉止也應安詳，絕不輕佻，倘能如此，才不失爲貞男。總之，世上貞女貞男，爲數少之又少。這不過就相論相，說說罷了。

（四）淫：在封建倫理的社會裏最不能犯淫過去有「萬惡淫爲首百善孝爲先」的警語聖經上也有不能淫的信條，就是這個道理，相書上，論女的犯淫，有數十種之多，如頭偏頭窄，縮頭伸舌，獐頭鼠目，面多斑點，皮白如粉，兩眼浮光，眼中有痣，鼻仰朝天，噘嘴無腮，齒白如玉，胸高臀高，腰細肩寒，體毛多或無，腿上生毛等等，都是主淫的相，男子如兩目浮動，身如風柳，且男女頭髮焦黃，都主淫。但相書上，很少說男子犯淫之處，而對於女子犯淫之處則甚多，因過去重男輕女，視男子淫亂爲當然之事，假如女子犯淫則罪該萬死。可是現在早已男女一律平等，不論如何？總應自加約束，互相尊重才好。

人生在世不過數十寒暑，在這如白駒過隙的短短旅程當中，由嬰孩而壯而老而死，這是必然的現象，不管甚麼人，也無法挽回而顛倒其順序的，在旅程中，歷盡無數風霜雨露，酸甜苦辣。真所謂飽經世故，有時在坎坷潦倒的時候，得到少數知遇雪中送炭，心中感覺有無限溫暖。偶而自己事業失敗或致涉訟糾纏。向之酒食徵逐之三朋四友，不但反眼若不相識，甚至落井下石，也所見不鮮，還有不肖之徒，勾搭你如花似玉的妻子，以致拆散你美滿家庭的，也是事所常有，因此一個人的忠、奸、貞、淫的行爲表現，你一定須略知一二，以便和目前萬惡的社會接觸，才不致大大的吃虧上當，相雖小道，關係確大，願諸君共同研究。

（55.3.13.載於中央星期雜誌）

師友錄

戊戌正月

嘯廬自署

愧悔無窮、

余今年已五十有六年矣，每懷念過去師友，輒為赧然！蓋彼等當年對余期望之殷，無以復加，而今老來一事無成，寧不赧然，作師友錄

庸光自題

回首當年

四十七年四月八日題師友錄

龍門嘯盧題

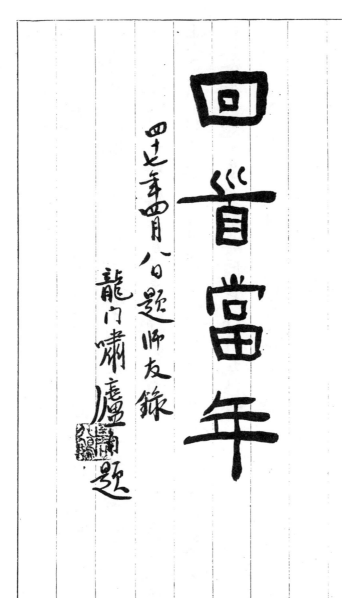

序言

余自束髮受書、以迄服務社會、學問無成、事業未立、清夜自思、慚愧殊甚、回憶數十年來、師友亡散、感慨良深、茲擬趁公餘之暇、擇師友中事蹟較著、筆之於書、以留記念、近年竄避台島、每有凄涼寂寞之感、欲求向日師友常相聚會、恐此生不可復得矣、作師友錄

四十七年二月五日　龍門長嘯自題

劉惟恩

余在民國三年入縣立高等小學讀書，時年十二歲，校長劉惟恩，字澤男，前清附生，江北師範畢業，[redacted]為人正直慷慨，其宗族間人，皆奉之若神明，辦教育則注重嚴格，學生當時未嘗不恨先生，事後未有不感謝先生者也。民國十一年，先生適長縣立第四高等小學，特聘余到校擔任一年級之任教員（即新制之五年級），並任國文、歷史等科教學，當時余初由省立第六師範畢業，年僅二十歲，為邑中最年輕之教員，學生家長以及教育行政人員對余甚表輕視，余則努力教學，不顧外間之批評，以第一學期後，外間人士，對余一改過去之觀感，謂余尚不愧為人師表矣，一良好之小學教員。先生見余勤懇好學，則時加指導，更從家中携書來校，供余閱讀，因之余在四高兩年，學問猛晉，實先生之力也。十三年，服務之期已滿九年，余往津沽，與子入江蘇第二師範學校，時先生仍執教地方，循循善誘，數十年如一日，誠所謂誨人不倦者也。先生為文，宗學[redacted]桐城，雖一字一句之微，亦不稍苟。自念平生得[redacted]力於先生之指示者甚多。而今先生早歸道山，墓木已拱，余則乞食四方，一無成就，現猶避亂來台，回首前塵，為之憮然！先生昆仲六人，先生行二，有子二，[redacted]名純信，未能承繼父志，善人無後，痛哉！

武同舉

先生姓武，諱同舉，字霞峰，前清舉人，籍江蘇灌雲，為余在第六師範時之國文老師，為人和藹可親。無論改文講解，均有獨到之處，深得同學信仰。迨余升入二年級時，先生以任省議員，自淮陰赴南京，來往不便，乃辭去教職，遂任南京，復經中央大學聘為講師，因先生對於水利有專門研究之故也。先生清時為舉人，除治舉子業外，尤擅古文辭，壯年以後乃肆力研究水利之學，蓋先生鑒於教育之不振，實業之不興，皆由水利未能講求之故。先生尤精於書法，臨王右軍字，幾可亂真。三十二年，過於南京，先生已瘦去，非如當年豐瘦，然精神矍鑠，殆逾昔時，相與晤敘，甚表歡忻。不料明年之夏，遽爾逝世，時年已七十有餘，遺子二，皆已婚娶，女一，早已出嫁。猶憶余初入師校時，先生即另眼看待，遇有過失，每溫語告誡，向疑質難，必諄諄相道，有如家人父子。嗚呼，先生待余深矣，今余年已半百有餘，而仍沉淪下僚，不知振作，有負先生之期望多矣。

司柳溪

司柳溪，字挹清，前清附生，江北師範畢業。泗陽東南鄉龍口人，與余為同里，且係余大姑母之長子也。大姑母者，係余大伯祖之獨生女，大伯祖早年逝世，大姑母依余家長大成人，以至出嫁，故與余家來往最密。挹清先生為余之表兄，時先生執教，高小，余適就讀該校，並對余課業尤為認真。余偶罹疾，先生引余就醫，愛護惟恐不至。時風氣未開，鄉間就學者不多，先生對余期望尤殷。時余年輕，無知讀書之暇，每好遊樂，先生輒呼至私人房間，反復開導，但余成績不甚見生獨引以為慰。及高中畢業，余投考第六師範，幸蒙錄取，先生尤以為榮。蓋第六師範每年只招收五十六人，投考者不下千餘人，錄取至為不易，而余幸蒙錄取，全縣人士均以為異。時余年僅十五耳，但余以為人之師範前途有限，故不能就讀，余復赴南京投考南高附中，幸蒙錄取，全縣仕紳莫不對余另眼看待，最好所從定師範上學，因祖母年老不欲余遠離家鄉，肄業於杭時，余國文科時時入選，先生逢人即為余揄揚。近以余入社會，僅助先生之為難之處甚矣。三十八年共匪陷六合，先生以抗共被捕，其夫人已自縊死，遺女一，婿陸氏子，另有義女一，不知所往。

吳引湘

余入第六師範之第三年，級任武雲章先生辭職，校中另聘吳引湘先生繼任，先生時任舍監，並任本級級任及國文教員。先生前清附生，兩江優級師範畢業，為人忠厚。余嘗因病回里治療，回校後，曠課已超過三分之一，例應留級，先生特列余操行為優等，以得隨班升級，先生對余愛護之殷，迄今猶感激於心。先生有子曰性覺，因加入異黨被捕，並即將處決，先生特託余為之奔走，因之僅發以感化，僥倖得免，對余亦所以報先生耳。迄廿六年，先生回到故鄉，旅逸塘鎮，病體遷徙，因而不起，哀哉。

徐慕杜

先生姓徐，諱慕杜，字公美，安徽懷北、江蘇江都人也。日本同文師範出身，回國後即任江蘇省立第八師範學校校長。余以民國六年入校，民國八年全國學潮發起，第八師校亦遭波及，時先生因公晉省，回校後，竟開除同學四十餘人，於此可見先生辦學之嚴。余在畢業時，因細故與同學鬥毆，先生知之，將余召前往，僅禁假兩週，後畢業時已實習，即將畢業矣，其禁假因係有其所以也，由是更見先生對人之寬宏。返校晤先生時，獨對一人謝世，為功，尤劉之歸道山，楚人其悲，豈不一痛哉。

朱光

朱光，原名光宇，字天濤，為余師校之同學友，彼於師校畢業後，即入上海美術專門學校，畢業後，曾在南通中華學校任教，十九年冬，余復介彼至江蘇省黨部服務，時張道藩任常務委員兼宣傳部長，你永乃以該名之故，遂任秘書，朱又任畫報編輯，後復經余介紹至泗陽縣立師範任教，不料朱又體弱，一病不起，其由原配夫人所生之子某，亦不知其情形，其後所娶女夫人某某，今年來亦不知其行蹤，惟聞其胞弟光祖，尚在服務於會，其他狀況，均不知其詳。

劉道隆

劉元道隆，字雅軒，與余曾在師校同學，為人淳厚，功課亦優。中途退學後，即入上海東南醫學院專攻醫學，畢業後曾在家鄉開業。二十六年抗戰開始，即入八十九軍某團擔任軍醫官，因部駐在睢寧，不幸為日軍衝破，劉元因以殉職，遺有妻子各一人。劉元為泗陽人，家道小康，竟為抗戰成仁，哀哉！回憶同學時，劉君每喜蹴球為樂，然以體肥每甚不便，其所態益為可掬，同學在旁歡笑，然劉君不顧也，回首回塵，益為憮然。

胡海山

胡海山，字涵百，泗陽西鄉人，江蘇省立蘇州工業專門學校畢業後，回縣任縣党部委員及縣立中學校長，一年後考入國立中央大學補修學分，平時甚為用功，十七年冬不幸染疾，醫師診斷為腸窒扶斯，亦即中醫謂為傷寒症也，原已就痊，胡兄乃沐浴理髮，遂致復發並於某日某時逝世，時得年二十有六，胡兄沉默寡言，但對緊要事件，則滔滔而談，處世更謙和有禮，在校成績，亦為儕輩冠也，倘天假以年，前途自不可量，吾人無壽，惜哉！

陳進文

陳進文字梅章，號亦山，為余中學同學廿八首之第八師範，與余曾同服務縣立四高，後與余同時考入江蘇公立醫學專門學校，中途退學，伊於十六年與余曾同任縣黨部委員，後彼即服務軍中，並曾東赴日本入警視學校，回國後仍在軍中服務，廿四年冬，彼在省保安處服務，余在省黨部服務，時相過從，迨抗戰既起，彼乃西赴陝省軍校分校服務，余仍在本省黨政方面服務，勝利以後，彼在西安任銀社副社長，時余在上海任中國印書館經理，曾通訊一次，以後即無消息，現又不知流落何所矣

張守謙

張守謙字益吾，泗陽洪澤湖人也。中央黨校畢業，十六年與余同任縣黨部委員，此後曾歷任各縣中學任教。抗戰時，在省保安處任職，撲滅共黨不少。大陸淪陷，攜子來台，在新竹縣立中學任教，子係其繼夫人陳蓀枝所出。陳蓀枝少益吾二十歲，未能同來台灣，目前如何，已無從探悉。益吾性情古怪，家道小康，非若陳燠章之貧寒，時人謂益吾富而無嬌，燠章貧而無諂，故二人各有千秋，可為定評。聞益吾何在不詳，其子已入高中讀書矣。四十八年逝世。

陶亞民

陶亞民，北平中國大學畢業，邑之西鄉人，性溫和，明是非，曾任泗陽縣黨部委員，及縣立中學校長，抗戰既起，為地方救亡事，不遺餘力，及共匪盤據，又舉行清算鬥爭，無所不致，陶兄為本黨之忠實同志，自難倖免，因以於某年某月，竟為犧牲，回憶余與陶兄，曾兩次共事，相處甚得，多年來已不通消息，傳聞如此，未知事實上究竟若何，但望吉人天相，回返大陸之時，能欣然把晤暢敘一切也，蓋陶君為人忠厚，作事穩妥，非時下青年所能企及。

陳克謹

陳克謹，字慎夫，泗陽縣立師範畢業，與余家僅一河之隔，為人極忠厚，善談風以笑天，二十八年曾隨余任職時省府在淮東，雖在四面楚歌、風聲鶴唳之中，陳君每日仍談笑如昔，待余將其介紹至第七區專務指導專員公署延攬來此，後乃他去，抗戰勝利后，彼出任泗陽縣救濟院長，及共匪攻破縣城，遂被執，經審訊不屈，復將捉解至縣屬李口鎮，百般侮辱，陳君大呼中華民國萬歲，最後共匪竟將押赴郊外槍斃！嗚呼！痛哉！

葉秀峯

葉秀峰，原名學孫，國立北洋大學畢業，美國留學歸來，以曾任江蘇省立蘇州工業學校教授，嗣赴廣東，任國民革命軍總司令部機要科秘書，北伐軍到達江蘇時，並任省黨部特種委員，以後任省黨部書記長，嗣任中央黨部調查科長，及中央調查統計局長，江蘇省政府委員等職。此公書生氣重，往往不為人所諒，現任國大代表兼台糖公司顧問。平心而論，葉之生活嚴肅，處世方而不圓，屬小人之莫不畏憚，其作事一本大公，未嘗有利己思想，今則蟄伏海隅，無復當年氣勢。五十歲後始另納夫人，生有二子一女，晚年之一快也。

張希伋

張希伋，字孔僕，江蘇淮陰人，江蘇省立第六師範畢業，後在江蘇教育學院畢業，曾任縣立民眾教育館館長等職，抗戰既起，並隨余供職省黨部，勝利後，在江蘇省社會處任職，為人老成深厚，學問淵博，近年來流亡到台，與余同服務於台北市，時相過從，每相晤談，輒至深夜始止，彼善演文王神課，所語時亦奇驗，蓋彼對八卦原理亦甚有研究也，有子三人，均學有成就，且已有女孫一，其子亦均敦厚，無時下少年習氣，頗殊以為慰，彼與余曾同學第六師校，余雖早四年畢業離校，然相處殊佳也。

鈕長耀

長耀字醒我，上海人也。其叔即黨國元老鈕永建（惕生）先生。長耀曾任銓敘部秘書及江蘇省黨部委員等職，抗戰勝利後任江蘇省社會處處長，三十八年來台，創辦強恕中學，為人極有修養，且極重禮貌，治事甚有規則，辦學雖非所長，但亦井井有條。彼畢業於上海法學院及上海大學，其叔惕生先生，[redacted]年已八十有餘，現仍健在，長耀之為人，實受其影響也。惕生先生曾赴美，次與在美之魏女相聚，以不慣生活與語言，仍回台，惕老康強如昔，仁者有壽，百齡可期。

吳延祺

吳延祺，淮陰漁濱鎮人，江蘇淮農畢業，曾進入民眾校長訓練班，抗戰時參加余所領導之江蘇省黨部工作團，嗣即投入大夏大學，抗戰後任南京市立第一補習學校校長，三十八年來台後，先任教於台灣省立岡山中學，隨後即入中央黨部工作，後在革命實踐研究院木柵分院任教務組主任，為人聰明能幹，處世以謙和平，其家向業釀酒，為漁濱鎮之巨擘，果能循序漸進，前途正未可量，惜為淪地使，不逞展驥，但願早日返大陸，以展長材也。佇望吳君好自努力，培養個人學業與能力，以待大任之來臨。

戴曰鑣

曰鑣字治寰，江蘇阜寧人，為江蘇省黨部之同事，其人爽直，每遇人因事爭執，輒面紅耳赤，不稍屈服，個性之強，儕輩多畏憚之，現且在台主辦東南中學，不足一年，學校已粗具規模，其任勞任怨之精神，實不可多覯，有子數人，均進入相當學校，夫人張氏，亦在國校任教，目前台地公教人員待遇菲薄，而戴氏夫婦，處之怡然，由此可見其忍耐而能吃苦也，與余相處多年，未嘗有不合處，現在彼此都已年逾半百，回首前塵，不禁憮然，倘再過十年，重行晤面，不知又作何景象矣。

徐若萍

若萍字楚珍，浙江奇女子也，貌不甚美，而頗大方，與余同服務於江蘇省黨部，其為人能言善辯，富辦事能力，先嫁陳君，抗戰既起，日人蓋散，於通訊中得悉陳君已歿，若萍不慣寡居，與日本黃渠民君同居，多時並生子一人，勝利後，重晤於海上，相聚甚歡，嗣彼當選為國大代表，由浙赴京，過滬時每相晤敘，頗為相得，及三十八年春，共匪猖獗，彼來信告知已與某君結婚，離京逃去，同黃慶雲等先余至彼，已遭匪加以集中訓練，而今生死莫卜，憶其年齡，則已五十有五以上矣。

廖溫英

廖溫英（音），原名文彥（英），福建上杭人也，其幹練堅強，為巾幗中不可多覯也。先嫁周君，嗣後仳離，所生子女數人均歸溫音撫育，並在鎮江獨資經營印刷店，抗戰時余走後方，頗為堅苦。勝利後，彼來海上相晤，相敘甚得，後余因事赴京，重復聚談，頗以為歡。及三十八年來台，彼已重嫁蔡某，已來台多矣，並內彼之子女，均已成人立業，至可佩也。溫音今年已六十有一矣，猶復重嫁，足見其心理年青，但在台與余未嘗見面，因彼嫁得有財勢之人，余亦不敢再謀聯繫也。

黃卷雲

卷雲浙江人，字薇子，原在江蘇省黨部工作，並在江蘇通訊社任寫事，時余長社務，因以與之有友誼焉。抗戰勝利後，相晤海上，得悉彼已嫁李某矣。時在婦女會擔任理事，嗣後當選為國大代表。三十八年，余走避難來台，彼亦曾到余家相晤，嗣余以教育部服務，彼曾因事來部訪余相助，彼又告余關於徐若萍女士近況，並謂徐自喪夫後，生活很漫跡近瘋狂及其他種種事實，不禁為徐女士惜也。卷雲在台，係國大代表為活，其夫李某，亦在江十會工作，所入尚可敷衍。黃亦能幹之女史也。

黃榮

黃榮小姐，上海人也。由余長江蘇省黨部宣傳科長，伊任圖書室管理員。抗戰既起，彼此分散。三十年余家由蘇北遷住上海，仍復相遇。時黃之肺病已暴發，猶復時來余處閒談。及三十二年，余因事赴皖，回滬後，率妻前往探視，據伊家人言已入醫院治療，並已頻危境，此後即不知其消息，殆已奄化矣。黃小姐貌端而麗，可人，對人亦謙謙有禮，惜天忌才，竟使生不治之症，以致短命而逝，惜哉！黃小姐以病未曾嫁人，此年華荏苒，猶小姑獨處，終以之肺病發作，無藥可醫，真令人痛哭也。

黄樂氏

黄樂氏，安徽婺源人，為余江蘇省黨部同事，神彩俊逸，聰明能幹，為儕輩中不可多得之人才。在鎮江時，並營豆食公司，生涯亦不惡。余在宣傳科時，彼在黨科任幹事，對於經辦事項，莫不井井有條，對人亦頗和藹。時彼與同事徐若萍女士，有特殊友誼，後且生一子，人言嘖嘖，而黄君置若罔聞也。二十六年因抗戰遠回原籍，聞彼曾任屯溪區區長，亦以幹練傳稱。勝利後，聞彼在杭州，並曾到滬，惜未得一面。自共匪全面叛亂，余倉卒來台，黄君已不知流落何所矣。

辛玉堂

玉堂字華軒，江蘇邳縣人，為人直爽坦直，作事亦甚幹練。三十八年與余先後來台，彼先在大陸救濟總會農場服務，嗣即辭去往嘉義任律師一年餘，聞彼已結婚成家，並聞彼營業亦頗不惡，老友亦頗以為慰。辛前亦曾在江蘇省黨部同事，相處甚久，今則流亡來台，彼此各處一方，為衣食足謀，數年睽未得一面，然彼此精神上因係相關之，猶記彼臨赴嘉時向余借皮包一隻，及後寄二百元來，余急至其家歸還，余性疏懶

凌紹祖

凌紹祖字毅孫，江蘇江都人也，與余在黨部同事最久，然彼先余任書記長矣，余在廿七年始任委員，時日在淮陰，每於治事之暇，即相與游宴，幾為人所謂極有禮貌，回想過去江蘇黨務派別甚多，彼與余勢處對立，但彼此私人相處，絕無不洽處，三十八年來台後，與余過從仍密，終於五十歲也最大成人，長子出高郎，且已娶婦生子矣，再過十年，彼當成為一大家族，夫子蔣佩儀同為國大代表，在台生活至為維持，孰料余家無從日，竟毫無它失，此亦何可想，余對之，慚愧多矣，

石順淵

石順淵，字成章，江蘇南通人，與余同時任江蘇省黨部科長，石為人和謁，能力亦強，二十七年與余同時任江蘇省黨部委員，並與余同時任江蘇省政府秘書，卅年余遷居上海，後相會晤，相談甚歡，勝利以後，彼此同住滬，時相過從，三十八年春，共匪全面作亂，余約彼來台，彼深以其家庭負累為詞，遂淪入陷區，後聞彼到香港，後返上海，以後即無消息，諒共匪斷無饒人之理，自難逃其魔掌，或遭清算而喪命，亦未可知，總之石君未能早來台灣，實一大錯著也。

韓德勤

韓德勤字楚箴，江蘇泗陽人，保定軍官學校畢業後即服務軍旅，曾任五十七師師長，及江蘇省保安處長等職，抗戰發起，先任江蘇民政廳長代理主席，並廿四集團軍總司令，及二十九年，始真除主席，並兼蘇魯戰區副總司令，指揮蘇境軍隊，真正勝利前夕，始解決本省黨政職，為人謙虛和藹，了無軍人習氣，來台後任戰略顧問，委員及國大代表，繼娶夫人，生有子女各一人，任公北縣中和鄉，平時雖少往還，然每遇舊曆年，例必前拜年也。

李守維

守維字新甫，黃埔軍校二期畢業，為人豪爽，處世公正，任江蘇省保安處副處時，與余相處甚得，抗戰既起，任江蘇保安總隊長，嗣任八十九軍二七師長，繼升任軍長，並為省政府委員，二九年新四軍進犯黃橋，新甫率全軍與之戰鬥，卒以匪軍詭詐，竟為所害，中央念其忠貞，已併入忠烈祠，其夫人馬某，男猶某君，弟守俊並現在臺，生前曾以馬家良子為嗣子，現則不知其下落矣。

顧錫九

錫九原名竹如，江蘇漣水人也。黃埔軍校畢業，歷任排連營長，繼且因功積升至第一二三軍軍長，抗戰時任一一七師長及江蘇省保安處長。為人和靄，有軍人習氣。三十八年春奉命守上海，因共匪圍攻甚急，乃退而走台，改任國防部高級中將參議。近年來請求退役，任公賣局顧問，並從事於振彰化分銷處，生活拮据如故。家，有子三人，均已成立。夫人張元貞女士，南京人，係民國十七年在南京因租屋而認識，嗣結為夫婦，殷勤恩愛，白頭到老，亦佳話也。

韓練成

韓練成，原名宗琦，甘肅人，曾留俄工兵學校畢業，及後又在中央軍校政治研究班畢業，派在江蘇省幹部訓練所任政治主任，因以相識，後並江蘇省禁烟調查員訓練班，余在該班兼課，遂訂交焉，抗戰軍興，任一二七師參謀長，嗣升任旅長，奉命堅守阜寧縣城，不幸受傷而退，迨後即轉至李白部下，歷升至軍長，三十八年共匪全面叛亂，聞練成已甘心投降，今則不知其作何營生矣，相信共匪反復無常，斷不致長久要此反復之人也。

吳春科

吳春科，字子登，國立中央大學畢業，並至日本留學，抗戰時，任江蘇省第五區行政督察專員，並如皋縣長，作事極為能幹，個性亦甚堅強，勝利彼此同在上海，照面相談甚快，三十八年來台後，任台灣省農學院教授，並由教育部聘為中央建教合作委員會委員，亦泗陽同鄉中之佼佼者也，彼於開會時來部相晤，談笑甚洽，每次個人因事來此，亦來相訪，吳君實一有情有義之人也，聞彼已遷至新店居住，未能常往拜候也，

陳如翼

君字企南，江蘇泗陽人，國立中央大學畢業，與余曾同任縣黨部指導委員，嗣後即在司法界任職，歷任地方法院院長，三十八年共匪叛亂，君以兩袖清風，無力撤退，遂潛伏南京，罹患不堪共匪精神壓逼，且衣食不周，因以逝世，君為人坦直，遇事均慎重處理，不愧為司法上一有力人物，今竟以共匪橫加迫害，遂致歸去，寧不大可痛乎？嗚呼！自共匪統治大陸以來，凡本黨優秀有為之士，被其殺戮者，不知凡幾，此恨綿綿，何時得雪！

黃仁言

仁言原名根信，高郵人，体肥碩，亦江蘇省黨部之同事也，抗戰時曾西至灌雲，後又於回經商，勝利後任江蘇省社會視察，三十八年來台，就任嘉義中學文史教員，後兼理律師業務，蓋彼係上海法學院畢業也，為人誠懇，處世公正，原配某氏，已生一男子，不數年亡，其夫人旋亦病故，嗣續娶某氏，生子數人，均已入學，其原配所生女子一人，師範畢業後，即任小學教員，對父母甚為孝順，其後妻所生之子，尚未成人，忠厚之家，定可成立也。

顧子揚

顧子揚，江蘇徐州人也。早年即參加革命，故歷任中國國民黨第一二三屆全國代表大會代表，並歷任江蘇省黨部委員，為人忠厚，對黨堅貞，實黨內不可多得之同志也。抗戰時曾至重慶，終以一生奔走革命，身體衰弱，以致一病不起，哀哉。彼本無子，以族人子為嗣，該子不肖，時觸先生之怒，而先生之靈柩寄暫葬重慶，勝利以亦無人為之遷回，致使一代革命前輩，長埋異鄉，嗚呼痛矣。

李源溥傳

李源溥，字滙川，江蘇沭陽人。先於十六年進入中央黨部調查科任助理幹事，繼任上海市黨部任偵緝隊長。抗戰時任鐵道部科長，繼任中央調查統計局服務。勝利以後任滬市調查局秘書長，旋升任為副局長。政府遷台以後，任內政部調查局之長，現已正名為司法行政部調查局。李為人精明幹練，一生從事調查工作，貢獻黨國甚多，對人尤重情誼，事業上能有如此輝煌成就，殆係組織也。現已當為中央委員，並已升任內政部政務次長矣。余以公務負責，為本前程遠大也。

張子英

張子英原名成才，泗陽東南鄉人也。高等小學畢業後，即以家貧入營，充任二等兵，因積功以升至上校矣。彼先入北平財務學校，未幾又復進參謀指揮學校深造。為人富有辦事能力，對人亦極有信用。凡同鄉之有困難者，莫不為之解決。目前任陸軍供應司令部經理署副署長，為同鄉中若干成功之不可多得者也。惟無子，僅有一女，友人亦頗為其助焉。張君由兵士升任校長，足見其艱難苦鬥，終有此成就，可佩也。

宋今人

宋今人，江蘇無錫人，為十六年江蘇省黨部之同事，彼時年最輕，僅十六七耳，同人戲以「小孩子」呼之。勝利後，彼任上海福昌煙廠經理，余任中國印書館總經理，時相過從。三十八年來台，彼自營真善美圖書館，余自營嘯廬書社，因同業關係，來往甚密。今余早已結束營業，轉入公務人員，而彼仍營業如故，可見其毅力與恆心。惟體質殊弱，時常患病，有子一人在美，前妻所生之子均留滬未來，彼亦有隱痛焉。

張道藩

張道藩，貴州盤縣人，曾留學法國，並娶法女為妻。十八年奉派為江蘇省黨部整理委員並宣傳部長，時余任宣傳部指導總幹事。十九年辭職，任青島大學教務長，旋任浙江省教育廳長。廿一年，中央遷洛陽，避日寇，道藩留守京畿。抗戰時任中央宣傳部長，並曾任內政、交通、教育各部次長，現任立法院長。為人嫉惡如仇，對事甚善於安排。前年吳國楨在美發表謬論，張氏特揭發十三條，對吳大興問罪之師，有人謂張氏工於糾劾也。

徐鳴亞

徐鳴亞，安徽人，為余中國公學之同學，為人能力甚強，抗戰時，任四川省党部委員，勝利後任上海市党部秘書長，三十八年來台後，繼任彰化縣立中學校長，因余在教育部服務，時相來往，徐君辦學亦頗著有成績，近且試辦社會中心教育，徐君作事任勞任怨，終生從事救國團體之業，努力不懈，與地方人士聯絡，關係密切，故學校頗著成效。

包明林

包明林，江蘇儀徵人，曾在鎮江辦理新江蘇報，當時為私營報紙之規模最大者。抗戰時，彼將報紙遷到蘇北泰州等地出版，各地訂閱者多，足見其宣傳及以號得人心也。勝利後，仍在鎮江復刊，並當選為國大代表。有子二人，及女三人，均已成人，長女且赴美深造，長子亦在建國中學任教。包君為人爽直，惟近年甚精細，其夫人神經有病，所有家事，均賴包君處理，年已花甲，健康如昔，亦奇人也。

游建成

游建成，為余在上海居住時所遇識之友也。其父建文，在美國任外交職務，弟建照，在德政府任事。抗戰未結束時，即已分手，不料四十三年於友人婚禮席上復重相聚，乍晤之下，欣歡異常。游君旋任台灣省物資局課長，為人精明幹練，待人亦殷熱情，彼此在公此同一地點服務，時相過從，交誼益切。人與人相處，蓋亦有緣存焉。游君迄今未婚，在前時，甚且與馬姓婦同居甚久，近來即不願現猶苦其婚姻乎。年已五十，而獨身未娶，亦怪人也。

林國華

林弘田，原名陪輿，江蘇宿遷人，有女曰國華，自幼即認余夫婦為義父母。國華體弱多病，在台灣省立台北第二女中畢業後，即未升學，現在空軍總部服務，時時來余處晤談。伊年已廿有餘，猶未結婚，蓋伊父母頗為愛護，在上大家庭之中，不甚知其操作也。弘田為余前在總部之同事，現服務於台灣省菸酒公賣局，為人頗老成，不善奔走，故終身作事平平。蓋弘田猶有北方人氣質，亦可佩之[illegible]人也。國華亦不善交際，然在外長成，亦有吾家鄉之氣味焉。

王公璵

王公璵，江蘇灌雲人，北平中國大學畢業，十六年，即出任沛縣縣長，時年廿有五耳，嗣由轉任蕭縣、銅山及江蘇省第一區行政督察專員，抗戰時，轉任江蘇省第七區行政督察專員，旋升任江蘇省政府秘書長及江蘇省民政廳長，為人作事精明，善詞章，且善書法，對於人之賢識懇，為江蘇不可多得之人才，夫人丁大蘭，夫婦均為選出國大代表，長女已出國赴美深造，子亦在求學中，近年並經營商業，生活差可維持，王君一生服官，兩袖清風，殊可欽佩也。

王匯百

王匯百，安徽人，國立中央大學畢業，余在四十二年進入農林公司，即由其介紹，匯百一生從事調查工作，現任司法行政部調查局專門委員，具事務才，與局長季源溥私交甚密，遇事鎮靜，善為處理，有子一人，東吳法學院畢業，經余介紹任教多職，年少老成，足能下賀某，且已娶妻生子，匯百可謂有福矣，自來台後與彼殊少往還，聽爾時尚稱融洽，彼於公務之暇，善經營，故生活較裕，非他人之窮困可比，現彼仍在調查局服務，未知尚有調遷之機會否也。

陳銘赦

銘赦江蘇江都人，曾任東南農場管理員，勝利後，任調查局特事處總務職。來台後，先自營建志租書社，生活艱苦，嗣因遷居新店，即在台北縣立文山中學擔任總務。有子二人，長入台灣大學，次在空校畢業，已正式服役，並已娶妻，而銘赦不過四十餘年，銘赦為人辦事精明能幹，未讀多書，而常識極為豐富，遇事亦能處理甚當。近年來因彼此居住相距較遠，來往已見荒疏，比比然。

陳銘盤

陳銘盤江蘇泰興人、現任聯勤總部上校職、曾任馬祖福利處長、因不合而回、現並營商業、生活亦可維持、銘盤善於處事、待人亦尚可取、有子二人、已在高中畢業、而皆進入中原理工學院矣、其餘亦均在中小學讀書、夫人亦賢能幹、家中大事、均井井有條、銘盤與余相識已十餘年矣、以其為人甚和藹故余與之周旋、彼年事方盛、前途正未可量、非本人已日近老朽之可比也、

李廷傑

李廷傑字漢三，江蘇泗陽人，為余表姑丈李梓樸（昂軒）之堂弟也，自十六年參加本黨後，即全副精神奔走革命，對於地方惡勢力，不稍屈服，以致一縣宵小均敬畏之，彼初任縣黨部委員，抗戰時調至省黨部任宣傳科長，繼轉任江蘇省政府視察及民政廳秘書等職，一生服務，兩袖清風，三十八年來台後，先作小本經營，嗣至新竹中學寶山分校擔任教職，子啟志，亦在學校任事，並已娶妻生子矣。

范念曾

范念曾原名維立，泗陽人也。中央軍校畢業，曾任團長科長等職。三十八年來台，即任台北市大安區公所兵役課長。在職六七年，與地方相處甚洽。四十六年參加台北市議員競選，因無錢活動，乃致失敗。念曾為人樸訥，處事誠實，且甚少軍人習氣。據云彼妻係彼師長之妻。其為人亦頗忠厚，刻向已課調職，未知如何。因每月收入太少，不得不另想辦法，悵望其能順利達到目的，早日趨生活之安定也。

周厚鈞

周厚鈞，江蘇江都人，為余中國公學之同學，曾歷任江蘇省黨部執委員、抗戰時，曾任第六部特種工作團團長，復任長江航政局局長，勝利後，仍任江蘇省黨部委員，旋當選為立法委員，三十八年來台，在立法院頗有建樹，近且並任中國心理作戰學會會長、兼辦東南中學，擔任校長，此公一生作事，膽大慎為，因之不論進行任何事業，均有成績可觀，尤人相佩服，結婚多年無所出，厚鈞乃另納小星，劉學金屋藏之，

馬元放

馬元放，原名飲冰，江蘇法政大學畢業，先在南京市政府及中央黨部任職，江蘇省黨部整理委員會時期任宣傳科秘書，嗣升任委員兼宣傳部長，朱在新任指導港辦事，馬同時兼蘇報社長，抗戰時任江蘇省教育廳長，不幸在滬被捕，出獄，以即逃重慶，著有歸漢記一書，勝利以任南京市副市長兼教育局局長，三十八年共匪作亂，以家累未及來台，頃聞香港來人云，馬已遭匪逮捕，並已槍決，死刑期拖延，甚長，蓋從被捕數年始遇害也。

潘覺民

潘覺民與馬元放同為江蘇武進人，曾在江蘇省黨部與余共同事，為人沉默寡言，善作文章，彼辭去省黨部後，即到上海某報館任副刊編輯，抗戰時，聞彼曾到後方，勝利後，不悉彼蹤跡矣，大概彼為不善交際，且做事亦不善對外宣傳，故不知其究在何處，以致與之失聯絡，共匪叛亂後亦未來台灣，多年不見，未知彼在思想上有無變化，蓋潘君原亦國民黨之同志，又非常熱心，恐後遭共匪之清算鬥爭也。

高柏楨

高柏楨，江蘇武進人，江蘇法政大學畢業，歷任武進縣黨部委員，抗戰時任江蘇第五區行政督察專員公署秘書。柏楨做事，極負責任，時專員為馬元放，馬交代後，高乃束裝回里，時江南已淪陷，由淞陸赴滬，經徑長江某口，不料高所乘之船載重過重，以致覆舟溺死，死時正為壯年，所遺妻兒等均在家鄉，迨勝利後，亦未榮旋來，致一代忠良，長與鯨魚為伍，痛哉。

張嘉識

張嘉識，省立第三農業學校畢業，與余係小學同學。張為獨子，父早逝，母守節撫養成人，其後余因長年奔外，殊少回鄉，對其狀況不盡明瞭。某年忽到鎮江來余處，殷殷為念白呈，詢之，知為訟事所累，近復印遠，而至何地，不知其究竟矣。嘉識平時係交之人，多見其艱，其為人固屬之過深，此行動或有不盡妥善之處，日前其遭狙擊，又不知其後發之處，以情形測之，其案後未必遇德，善盡小資之生涯，共遊之所，任其存焉也。

李雲沛

李雲沛，江蘇泗陽人，與余係同學，南高附中畢業後即進入北洋大學，嗣轉入南開大學，畢業後，歷任財部工廠主任，抗戰既起，遂回蘇任師部政治部主任，待共匪渡江至蘇北各地，復任江蘇省第七區行政督察專員，三十五年，共匪向兩淮進攻時，率所堅守淮安，城破時，為亂共兵所害，夫人韓濤君，子某，均留在大陸，自共匪全面叛亂，其夫人及子均不知何往，想共匪慘毒，絕難容恩，時亦難久生活於暴政下也。

吳星伯

吳星伯，南京人，江蘇省蘇州工業專門學校畢業，十六年因同鄉胡梅山兄之介紹，與之相識，為人極有机智，且富幹才，中央調查科成立時，即參加調查工作，抗戰勝利後，被派為上海特派員，不料為病魔所繞，纏綿床笫，竟臥不起，享年四十三歲，星伯為人爽直，個性慷慨，當好友胡梅山在京病故時，所有衣棺衾葬，均由星伯擔負，其待朋友之義氣，實為今世所罕見，惜天不假年，竟短命以亡，痛哉！其原配夫人，仍居南京原住所。

張子誠

子誠，江蘇揚中縣人，歷任縣黨部委員，為人甚為忠誠，处世亦甚重然諾。三十八年來台後，與余相照於台北，蓋彼次子與何兒為同學也。子誠到台，即自力經營書店，出售文具，原在中華路，因地址仄狹，乃另遷和平東路，營業雖不太好，但以之敷衍一家生活，足可維持。彼在揚中原籍，係中人資產，今則流外海上，日謀蝇頭微利，雖云清苦，但較在大陸為共匪鬥爭或早已送去性命，亦云幸矣，又為生活是謀，殊毋須述。

邱有珍

邱有珍字友錚，江蘇淮安人，係余第六師範之同學，中央黨務學校畢業後，即办理地方黨務，旋到江蘇教育學院任教，並曾到日本留學，在日本高等師範畢業回國不久，抗戰發生，隨即逃至後方，勝利後，當選為立法委員，三十八年因避乱来台，仍任立法委員職，时多所著作，友錚为人胸無城府，有时与人爭論，稍有不合，輒面紅耳赤，甚為大聲叱鬧，仍有少年时之脾氣，此人雖服務社會多年，而不為社會所化，其令人可愛處，豈在斯乎！

高明

高明字仲華，國立中央大學畢業，與余在鎮江時相識，旋在江蘇省禁煙調查員訓練班同事，彼對中國文學造詣甚深，書法亦佳，在鎮時彼任江蘇省保安處秘書，並兼軍警幹部訓練所教官，抗戰期間，在西方各大學教書，來台後彼在台灣師範大學任教，嗣兼國立政治大學中國文學系主任，為國學泰斗章太炎先生之再傳弟子，平生著作甚豐，有子二人，一學空軍，彼為江蘇高郵人，為余之近同鄉，人品學識均高出儕輩。

水心

水心，字公伯，江蘇六合人，國立中央大學畢業，為余教育部之同事，彼對教育，甚有興趣，且著有教材教學法等書，散見於各雜誌中之短文尤多，彼先曾任師大副教授，現且正式擔任政治大學副教授，似並兼教育部訓育委員，水心之為人，頗有書生氣，對人尤為謙虛，與余雖相處不久，但彼此情感融洽，有若多年老友，有子數人，均在求學年齡，彼住於公家宿舍，在木柵鄉，來往需時，故近已不若前此來此之密矣。

陳英

陳英，江蘇武進人，刻苦耐勞，為一不可多得之婦女。原與夫某，抗戰時遠去重慶，以生活無依，遂為人傭。二十四年來余家，平日工作有序，頗具條理，自言其夫係在軍中服務，且生有子女，性情亦甚溫柔，余從未以傭婦視之。故在余家近年，相處極為融洽。彼辭余家去後，仍時有來往。待三十八年五月，余將有台灣之行，彼復以同來為請，因時間匆促，不及通知相商，致未偕來，今則不知何往矣。約計彼之年齡，亦近五十。每一憶及，輒為念之，因其人尚不俗也。

龍翔

龍翔，字潛夫，江西人也，來台後，始相識，年相差余一歲，為人極深沉，重然諾，余自到教育部服務，彼旋由調查局介派至金銅礦務局工作，四十四年，彼相識一女士，年已近五十，且有一子已成人，彼乃決定結婚，以慰寂寞，並由余証婚，彼婚後生活，尚覺美滿，彼言在家原有妻子，因共匪叛亂，遂致離散，現在之結婚，不過求得老伴耳，已無求子之心矣，彼在台北時，時相往还，今彼離開台北，即書信往还亦甚少，回首聚首台北之情景，已不可復得矣，

張冠球

張冠球，江蘇漣水人，為余在江蘇省黨部之同事，抗戰時，曾在泰州一帶游擊，勝利後任高郵縣長，共匪進城時，幾於被害。三十八年來台，到省立台中農業職校擔任教員，有子曰強，省立行政專科學校畢業，已娶妻成家。二女亦已分別出閣，其本人及夫人均服務，收入雖不多，無負擔，亦減輕，故生活尚可維持，冠球為人直爽，頗善交際，與余同事數載，相知尚不惡，今則彼此流亡海上，見面機會不多，且彼此為生活奔走，亦無暇作應酬性之來往矣。

陳想雲

想雲原名嫒媛，余取雲想衣裳花想容之意改名想雲，伊亦樂於接受，遂以想雲為名焉。想雲江蘇無錫人，廿四年與余相遇於滬，時年十八，体稍肥，重情感。及三十年余重來海上，偶於途中相逢，悲喜交集，時余懼日人偵捕，乃偽裝病人，宿於醫院中，想雲時到院中探視，意態落落大方，院中認為余之親眷。及後余卜居滬濱，乃時時來往，其夫係英國大使館職員，嗣乃隨夫至京，並伊回滬時則約偕遊，三十八年來台，伊仍在京，故未辭別，現不知伊狀況何若，又未知何日尚得復晤，不勝悵然！！

王玉明

王玉明，江蘇銅山人，上海法学院畢業，為余江蘇省党部之同事，抗战时，曾隻身奔走前後，負聯繫之責，勝利後，服務於中央調查統计局，為人甚忠厚，從不論人長短，做事亦有責任，对佛教頗信仰，来台後，任強恕中学文史教員，晚即赴廟中与出家人敘談或誦经，故玉明雖未正式出家，但早有出家思想，近年因隻身在台，感慨甚多，对世事已看破不少，与余相處尚好，有时相晤，则歡談一切，余曾請彼覓出家地，彼謂心即是佛，固不必急、出家也。

孔服農

孔服農，安徽合肥人，貴陽師範學院畢業，曾任南京市立中心學校校長等職，來台後即在調查局工作，為人精明幹練，且極機警，四十三年與余相識於台北，彼此相處感情甚洽，自余轉到教育部後，仍不斷來往，彼對人謙虛有禮，向少驕氣，為一不可多得之青年，嗣以彼亦轉到台大工作，事務甚忙，彼此聯繫少，然猶時來訪候，彼平時頗喜與青年同遊，遇事亦有見解，服農原習教育，而今則為調查工作，所用非所學，固非服農一人如此也，

沈亞士

沈亞士江蘇東台人也，高等考試及格，曾任泗陽縣長八個月，為人與學識甚優，短於應付，對於地方事務尤少經驗，故在泗陽縣長任內，為期甚暫，亦無建樹，自大陸赤化，彼乃到香港任教，嗣經美國資助，遂以智識份子身份來台，現任考試院秘書，住濟子口，有時相晤，談及過去種種，不勝感慨，彼時在各刊物發表文章，並有關於字學方面之著作，彼平時沈靜少言，喜讀書，修課文章，不與政事，因此沈君所以為筆才也，

張適生

張適生，字朗齋，江蘇泗陽人，南京法政畢業，曾在淮陰執行律師業務，營業極佳，抗戰既起，乃携妻兒子等，西去重慶，進國防部任法官，來台後，仍任軍法局法官，原配夫人去世後，另娶某氏為妻，子名國樑，國立暨南大學畢業，因朗齋續娶，以致父子感情不洽，現彼携同夫人住台，國樑等在港未來，致彼頗有寂寞之感，倘相過從，不勝感慨，若在平時，彼已年過花甲，大可享兒女田園之樂，今則猶自謀生活，亦云慘矣！

吳幼春

吳幼春、江蘇江都人、大夏大學畢業、爲余江蘇省黨部之同事、抗戰時、復在泰州北鄉吉家舍相晤、以後在揚州會面、感情甚爲融洽、勝利後、幼春特來上海商談並由余介紹至南京市立第一補校擔任教務主任並英文教員、嗣辭職到滬、在黃小松星相家處幫忙、因幼春對於星相學極有研究、且對於大六壬課尤有心得也、三十八年五月、余倉卒來台、曾向幼春問於余之前途若何、彼謂在滬似龍、到台似蛇、最後則如蚯蚓、而今余之狀況果如幼春所言、

吳鼎

吳鼎，字穎吾，安徽人，高考及格，研究教育，頗有成就，曾任考選部司長，及台灣省教育廳專門委員等職，四十五年來教育部任教育研究委員會專任委員，對中華教育甚有供獻，吳君為人深沉，對於文字，頗有見識，四十六年夏，吳君有志上進，乃自費赴美入研究院研究，彼在部時與余相處甚得，蓋彼此年齡相若，氣味相投，自彼去年以曾未一晤，諒彼埋首研究，無暇酬應，有許多話，待彼還來時再為詳談也。

陳叔平

陳炳平，鹽城人，即抗日先烈陳中柱之三弟也，二十六年前與余在鎮相識，彼參加調查工作有年，成績卓著，頗為上峯所賞識，三十八年來台後，先曾在台灣省社會處工作，嗣任國民學校之校長，其妻吳萍同在學校任教，炳平為人極精細，能力亦強，彼原未曾習教育，但自接長後，即儼然成為教育家矣，蓋彼甚聰穎，且學有大致，故能措置裕如也，自來台灣，時相晤敘，彼比年事已長，均無少年時之豪氣矣，其妻前為少女，今亦三十餘矣，光陰流水，殊堪驚惕，

單秀峯

單秀峯，江蘇銅山人，四十三年，余到台灣農林公司任事相識，海外逃亡，遇見同鄉，殊以為慰。君嗜酒若命，每日非酒不樂，薪金收入，全部用之於酒，余每勸其少飲，以免傷身，然君知之而不能戒也，有時來余處日飲，直至大醉始去。君服務於調查局，對外殊少交際，蓋彼亦不善交際也。君係師範學校畢業，曾任中學校長有年，自來台灣，即正式參加調查工作，做事頗負責任，為人宅心善良，而性情爽直，殊有北方人之氣概也。

唐秉玄

唐秉玄，字文玄，江蘇鹽城人，國立中央大學畢業，曾任本縣党部委員及縣立中學校長，抗日勝利後，被派來台接收，先任省立嘉義中學校長，嗣調台教廳任專門委員，又調任省立台中農校校長，君處事穩重，為人忠厚，對於過去諸人，頗有情感，自余到教育部後，彼此聯繫較多，相處更好，有時彼來台北開會或因事，但均到部相会，以作半日或短時間之暢談，彼之長子已畢業於中農學院，其他子女，均在求學中，余想其子女亦必能忠厚傳家也。

崔鈞朋

崔鈞朋，江蘇贛榆人，体格壮，但不甚健康，抗戰勝利後曾任上海市副局長，来台後任大陸救濟災胞總會職務，與余有時晤面，相談甚洽，四十七年相見時，彼告生病年餘，病中時時念余，因在途中，立談即別，君平時對人甚平和，病愈後仍回到救災總會任職，身体尚未完全恢復健康，但為生活所逼，不得不到會辦公，當在內地，亦知其必辭職修養，而今則扶病上班，亦莫之如何也，自念倘一朝有病，不知如何應付，恐祇有坐以待斃耳，嗚乎！予欲無言！

唐秉玄

唐秉玄，字文玄，江蘇鹽城人，國立中央大學畢業，曾任本縣黨部委員及縣立中學校長，抗日勝利後，被派來台接收，先任省立嘉義中學校長，嗣調台教廳任專門委員，又調任省立台中農校校長，君處事穩重，為人忠厚，對於過去諸人，頗有情感，自余到教育部後，彼此聯繫極多，相處更好，有時彼來台北開會或因事，但均到部相會，以作半日或短時間之暢談，彼之長子已畢業於中農學院，其他子女，均在求學中，吾想其子女亦必能忠厚傳家也。

崔鈞朋

崔鈞朋，江蘇贛榆人，体精壯，但不甚健康，抗戰勝利後曾任上海市副局長，來台後任大陸救濟難胞總會職務，與余有時接觸，相識甚洽，四十七年相見時彼告生病年餘，病中時時念余，因在途中，立談即別。君平時對人甚平和，病愈後，經回到救濟總會任職，身体尚未完全恢復健康，但為生活所迫，不得不到會辦公，嘗在內地，亦知其必辭職修養，而今則扶病上班，心莫之如何也。自念倘一朝有病，不知如何應付，惟祇有坐以待斃耳，烏乎！予欲無言！

張民宗

張民宗，江蘇漣水人，江蘇省軍警幹部訓練所畢業，曾任地方團隊之長，抗戰時，轉任省黨部幹事，時余擔任書記長職務，以同事關係而相識焉，勝利後，張復任縣警察局長，所至有聲譽，三十八年來台後，仍到臺省警務處任職，在職八九年，成績卓著，有時來余處閒談，每以種種問題相詢，余均善為解答，務使其滿意而後去，宗民為迺蕭之長輩，時到教育部服務，近以調職事，亦來相告，總之為人謹慎，從不妄言妄語，做事亦極為負責云。

馮溥仁

馮溥仁，江蘇省党部同事，彼在抗戰時在西南聯大畢業，來台後即進入教育界，原任嘉義縣督學，調任教育科長，為人作事穩重，善於安排，對人和藹誠實，現只有一女孩，隨同在台，生活尚可維持，馮兄在過去參加江蘇党務，雖在派別對峙之際，然尚能鎮靜如恆，與余平時甚少往，自來台後，因余在教育部服務，故每次伊因事到台北，必來部與余晤談，益見馮兄為人念念故舊，非其他毫無感情者可比也

邢漢剛

邢漢剛，江蘇南通人，曾任江蘇省青年運動整理委員會委員，浙江省某縣教育局局長等職，抗戰時任後方工作聯繫事宜，勝利後，任江蘇省調查室秘書，對於本身工作，多所貢獻。三十八年來台後，著有兵士心理學等書，遂為軍事訓練當局所注意，並聘為教官，嗣任政工幹部學校聘為教官，為目前兵士心理學之權威。漢剛聰明幹練，善言詞，故頗得學生之信仰，有子數人，均在求學中，其夫人亦同來台，平時喜飲酒，好作方城戲，自來台後，酒已少飲，而方城戲已戒絕矣。

蔡蔭恩

蔡蔭恩，江蘇海門人，國立中央大學畢業後，留學美國紐約大學專攻市政，回國後，仍任私立海門中學校長，並曾任中央調查統計局專員，三十八年來台後，先任陽明山管理局教育科長，嗣任教省立行政專科學校，專授市政，該校現已改為省立法商學院。蔡君不善辭令，但遇事理論，則頗有獨到之處，其夫人某，亦來台同居，平時待人和藹，處事亦尚公正，故人多樂於親近。惟蔡君拘謹，向不隨便與人論交，與余相識至今，前後近廿載，既不太親，亦不太疏，有時相晤，彼此互相招呼而已，是蔡君者，今之君子也。

王致成

王致成，原名志誠，江蘇泰州人，曾在江蘇省區長訓練所畢業，及江蘇省禁煙調查員訓練班畢業，曾任區長及禁煙調查員等職有年，來台後，先任台灣省教育廳專員，遂升視察，因余曾在禁烟調查員訓練班擔任教官，故有師生之誼，然余從未以學生視之也，君為人和平，口吶吶若不能言，然待人誠懇，胸無城府，常於公餘之暇，來宅晤談，現省府又機關遷到台中，每來台北，必來一晤，前年彼再婚娶，余亦前往祝賀，但望彼夫婦百年到老也，

孫翔風

孫翔風，江蘇無錫人，曾任縣黨部委員，因以相識。三十五年余在滬創辦中國印書館，他被推為總經理，葉秀峯先生為董事長。迨三十六年彼當選立法委員，遂由余充任總經理。時書館屢債累累，幾瀕破產，余乃銳意整頓，書館營業蒸蒸日上，基礎於以鞏固。三十八年共匪全面叛亂，余不得不忍痛離滬，然孫君時在無錫，竟未撤退，傳聞其胞兄以法風已遭殺害，翔風過去一切行為恐不為共匪所諒，雖能徼幸於一時，但長久仍甚危險也。

徐謨嘉

徐謨嘉字伯言，江蘇泗陽人，省立南京工業專門學校畢業，先任泗陽縣警察大隊書記官，及泗陽縣立中學教員，及縣財務局科長，嗣即任贛榆、溧水武進等縣建設局局長，及江蘇省第六區行政督察專員署秘書，為人忠厚，作事亦負責任，三十八年與余同舟來台，現任台灣區紡織業公會幹事，生活頗為拮据，蓋浮沈政海數十年，多少有積蓄也，有子女多人，均曾受高等教育，夫人蔡氏，亦泗陽產，為徐君之繼室，因原配夫人已在原籍遭匪所害也。

施毓芬

施毓芬女士，南通人，三十八年來台後，曾來余處訪候，迨四十年素妻生病，乃常時來探視，並介紹醫生為素妻診治，已足心感。復饋紅棗等物，供給素妻吃用，其情更為可感。施君在台北市係暫住，伊有子已在軍中服務，自四十二年後即未謀面，因無通訊地址，又無法通訊，不知彼現居何所，每一念及，輒深悵悵。施君為人和謁，對人極富熱情，尤能急人之急，誠為不可多得之友人，甚願能遇相當機緣，重聚暢談，則中心快慰為如何也，未知能有再會之日否？

劉芷薰

劉芷薰字沅芬，江蘇靖江人，南京美術專門學校畢業，曾任天津市黨部幹事，嗣到江蘇省黨部為同事，抗戰既起，伊乃回原縣游擊，並兼任縣長，勝利後，伊任南京市自來水管理處處長，三十八年來台，重相晤面，彼先後曾開個人展覽會兩次，出其所畫各件展出，成績尚不太差，彼現任國民大會代表，有暇則以唱戲為樂，並作方城之戲，以消磨時間，其原配夫人及子三人均留在大陸，現在台者為其繼配陸氏，陸氏原係舞女云。

[redacted] 方元明

方元明，江蘇沭陽人，中央黨務學校畢業，曾任省黨部秘書，及後參加共黨，乃精赴上海各地暗中活動，至廿五年復悄然來歸，乃任省警察學校教官，抗戰時西走重慶，勝利回至浙江，兩任縣長，不料方君似與共匪勾結，[redacted]中途三十七年共匪全面叛亂，方君時在滬被捕，經審訊直認不諱，遂由當局執行槍決，方君平時為人和善，作事亦頗幹練，竟以一念之差，流入匪徒而不克自拔，以至異地荒野，豈不大可痛惜也乎！

吳若萍

吳若萍，河北石家莊人，從事調查工作有年，蓋彼原任共党，投降本党後，遂加入調查工作。為人極機警，幹練，曾任調查局科長、處長等職，並曾任保防指導組主任。三十五年，始與余相結識。彼時於工作技能，甚有研究。每遇有集會餘興，彼能登台表演各式笑話及地方戲曲，其表演突梯滑稽，引起全体大笑。然在工作時，彼則一本正經，處理事務，亦甚謹嚴，惜學殖淺薄，遇事逞能，聞彼僅師範畢業而已，故風度稍差云。

曹天任

曹天任，江蘇淮安人，省立第九中學畢業，與家兄有同學之誼，因以相識。曹任縣党部委員及縣商會會長等職，來台後，以無事可做，乃擔任花蓮中學教[illegible]。南沙羣島被菲人認為領土後，全國大譁，我國內政部有派人前往開發之議，曹君與余兩人，亦有偕往之決心，奈內部曾約志願前往之人座談後，即無下文，致曹君與余之志願，遂成泡影。目前曹君仍在花蓮方面任教，曹君人極爽快，胸無城府，對人決無機械心，惜士大夫氣習太重，不能盡合時代潮流也。

陶汝良

陶汝良，江蘇無錫人，江蘇省禁烟調查員訓練班畢業，與余有師生之誼焉。三十五年，中國印書館成立，彼到館任營業處主任，及余由副總經理升任總經理，彼乃升任副總經理，彼此合作無間，因以營業甚為發達。三十八年春，共匪渡江，館中同仁華康因匪禁被捕，於人心惶惶，陶君乃不辭而別，莫知所之。迨余倉皇來台，亦無從追究，而陶君遠未來台，大概已向共匪靠攏矣。陶君為人聰明能幹，至為可惜。

韓天甲

韓天甲，字鐵生，泗陽南新灘人，曾肄業第六師範，中途退學，入北京警官學校畢業，後任職多年，三十八年來台，携一妻一子，子服務高雄市警察局任警員，並已娶妻生子矣。彼原經營小本生意，足可維持，嗣以較為勞苦，乃收拾營業攤位，另謀生涯，同鄉張國樑即其外甥也。韓君為人忠厚，與余同學六年，平時除致力家業外，好擊球為戲，自來台後，昔日之嗜好已消，有時暇思，每談往事，輒為憮然，蓋以年長，由壯年已漸入老境，無怪感慨甚多也。

吴亘圃

吴亘圃原名垣，江苏高邮人，为余在公立医学专门学校之学友。学校发生拆校（改医药科大学）风潮，吴君与余均中途退学。多年来知为生活奔走，无从聚晤。在抗战期中，吴君曾在西康省建设厅任职，伊时厅长为叶秀峰先生，叶先生为吴君姊丈。胜利后，吴君任调查局附设之印刷所经理，余则任上海中国印书馆总经理，是余二人又为同行矣。一度同学，一度同行，亦巧合也。吴君有兄曰旦平（名坦），曾留学法国，为有名之建筑师，惜于前年中风逝世。吴君体肥而高，聪明绝顶，

陳桂清

陳桂清，江蘇江陰人，國立中央大學畢業，曾任靖江、高郵等縣縣長及江蘇省第六區行政督察專員等職，勝利以後任江蘇省政府委員兼民政廳廳長，現任立法委員兼營會計師業務，余在卅二年冬因公赴靖江，因以相識，來台後時相過從，為人善經營，置私人財產頗豐，生活自甚豪華，出入均自備汽車，彼之闊綽如此，而余窮困也如此，相去幾不可道理，故近來少見面，但在表面上，彼對人尚有相當禮貌，処世尚和平。

陳錫九

陳錫九，江蘇泰縣人，即沈佺之內弟也。余在揚州時，彼亦在揚也，供職，由其姊由泰至由揚，訪余，特下榻彼處。彼為人和藹，無疾言厲色。三十八年來台後，又相遇於台灣。據彼謂沈佺已到西北，其夫人仍留泰。蓋余在二十二年到泰時，曾住在沈家也。別來數年，斷以為念，現已不知沈家究作何景象。陳君因與沈君郎舅之親，故甚關懷。陳君現在台灣省煙酒公賣局服務，如此尚能得過且過。平時殊少往還，偶而機會，亦係相值耳，並非專程訪問也。近數年來，不來見矣。想彼亦過公務之生活，固不會太好，亦不會太壞也。

先嚴周公諱化鵬百年冥誕紀念遺文集 / 周化鵬著.
-- 初版. -- 臺北市: 文史哲, 民 91
面 : 公分
ISBN 957-549-468-7 (平裝)

1.論叢與雜著

078

先嚴周公諱化鵬百年冥誕紀念遺文集

著　者：周　化　鵬
出版者：文史哲出版社
登記證字號：行政院新聞局版臺業字五三三七號
發行人：彭　正　雄
發行所：文史哲出版社
印刷者：文史哲出版社
臺北市羅斯福路一段七十二巷四號
郵政劃撥帳號：一六一八〇一七五
電話 886-2-23511028・傳真 886-2-23965656
實價新臺幣三六〇元
中華民國九十一(2002)年十一月十日初版

ISBN 957-549-468-7